LAGER
BRIQUE HOUSE
BH

LE GUIDE ULTIME DE LA CRAFT BEER

BRIQUE HOUSE

Alcool : adoptez un comportement responsable !

Comme vous le savez, l'abus d'alcool est dangereux pour la santé ; consommez avec modération.

Nous vous recommandons de consulter les sites officiels d'information, notamment ceux consacrés aux risques liés à la consommation d'alcool. Vous y trouverez des informations légales et pratiques précieuses.

58, rue Jean-Bleuzen, 92178 Vanves Cedex

Stylisme des recettes : Sabrina Fauda-Rôle
Illustrations : Yannis Varoutsikos
Crédits photographiques : p. 32 : © Adobestock ; p. 40 et 51 : © Shutterstock ; p. 169 : © Brique House
Création graphique : Yannis Varoutsikos
Mise en page : Le chalet graphique
Relectures : Marie-Laure Bayle et Tiffany Nortier

1991834
ISBN : 978-2-501-18835-7
Dépôt légal : octobre 2024
Achevé d'imprimer en septembre 2024 sur les presses de Graficas Estella en Espagne.

PAPIER À BASE DE FIBRES CERTIFIÉES

MARABOUT
s'engage pour l'environnement en réduisant l'empreinte carbone de ses livres.
Celle de cet exemplaire est de :
1600 g éq. CO_2
Rendez-vous sur www.marabout-durable.fr

Baptiste Dufossez
Joseph Timmermans

LE GUIDE ULTIME DE LA CRAFT BEER

BRIQUE HOUSE

Photographies de Fabien Breuil

MARABOUT

AVANT-PROPOS

Bienvenue dans le monde formidable de la craft beer !

Longtemps démodée, la bière est de nouveau sur le devant de la scène et pour notre plus grand bien. En 2023, la consommation de bière en France a dépassé celle du vin, et le monde de la bière n'a plus aucune limite avec la création de centaines de brasseries artisanales et la naissance du mouvement craft. Exit les 5 styles – blonde, blanche, brune, noire, ambrée – qui définissaient l'ensemble des bières.

Plongez dans l'univers fascinant des ales, IPA, NEIPA, stouts, pils ou encore lambics, découvrez les ingrédients cachés derrière cette boisson formidable et apprenez l'art de faire sa bière chez soi.

Vous verrez, ce n'est pas si compliqué !

Lire ces 200 pages, c'est avant tout nous rejoindre dans cette révolution brassicole. Démocratiser la bière craft est notre mission et ce livre en est le premier témoin.

Nous sommes Joseph & Baptiste, deux Ch'tis biberonnés au malt. Avides de découvertes, nous avons passé les 10 dernières années à recenser par nous-mêmes des dizaines de styles de bière avant de se rencontrer et de vouloir en faire notre métier. En 2020, nous avons fondé une chouette brasserie : Brique House, basée à Lille.

Aujourd'hui, nous brassons et vendons 4 millions de pintes par an, proposées partout en France et dans nos 6 taprooms à Lille, Paris, Bordeaux & Reims.

Rejoignez-nous dans cette révolution du malt & du houblon qui anime plus de 2 500 brasseries. Mais aussi des milliers d'acteurs et de distributeurs.

Cheers!

SOMMAIRE

CRAFT BEER LE GUIDE ULTIME DE LA

C'EST QUOI LA BIÈRE ?

01

UN PEU D'HISTOIRE

10 000 AV. J.-C.

La terre se réchauffe, les glaciers fondent et l'orge sauvage fait son apparition ainsi que les autres céréales.

10 000 À 4 000 AV. J.-C.

Les peuples utilisent les céréales qu'ils trouvent sous forme de gruau et autres bouillies.

4 000 AV. J.-C.

La première bière ? Le *sikaru* ou « pain liquide » est consommé à Sumer au sud de la Mésopotamie (actuel Irak), où s'est développée une des premières civilisations. Grâce à la bière ? L'histoire ne le dit pas. Le blé et l'orge germés sont mis à tremper dans l'eau. On n'utilise pas encore le houblon, mais on emploie d'autres moyens pour aromatiser ce jus de céréales : dattes, miel, cannelle et autres épices… Les premières recettes ont été retrouvées sur des tables d'argile.

4 000 À 300 AV. J.-C.

Dans l'Égypte ancienne, la bière revêt un caractère divin. Les prêtresses sont chargées de la fabrication et du service de ce « vin d'orge ». Des jarres semi-enterrées contenant le mélange d'eau et de grains germés sont laissées au soleil et la nature (ou les dieux ?) prend le relais. Elle prend toute son importance et devient un aliment à part entière : boisson d'accueil, utilisation en médecine, produit de beauté et bientôt monnaie d'échange.

700 AV. JC
À 400 APR. J.-C.

Qui n'a jamais entendu parler de la cervoise des Gaulois et plus généralement des Celtes ? Une autre boisson à base de céréales fermentées. Toujours pas de houblon à cette époque, mais des plantes et herbes aromatiques pour en améliorer la conservation, le goût ou les effets. Durant cette période, le tonneau est inventé pour stocker et transporter le fameux breuvage. En effet, bien que qualifiée par les Romains de boisson barbare, préférant de loin le vin, la bière prend de plus en plus de place et se diffuse notamment auprès des soldats dans l'Empire romain.

BOISSON BARBARE

Chaque producteur possède son gruit, secret farouchement gardé puisque soumis à l'impôt.

VIIIe SIÈCLE

Premières utilisations ponctuelles de houblons en Allemagne et aux Pays-Bas.

700 - 800

Avec le développement du christianisme et des monastères, Charlemagne attribue l'exclusivité de la fabrication de la bière aux moines dans l'empire. Sous son règne, le droit de brasser est devenu un privilège royal, et après la chute de l'Empire carolingien, comtes et évêques se répartissent le droit de brasser. La loi impose l'utilisation de gruit, un mélange d'herbes sauvages pour le brassage.

1098 - 1179

Hildegarde de Bingen est une religieuse allemande, guérisseuse et en quelque sorte une ancêtre des naturopathes. Elle se sert notamment de plantes pour ses actes de soin et préconise une alimentation qui soigne le corps et l'esprit. En étudiant les effets des plantes, c'est elle la première qui met en évidence les bienfaits antiseptiques et donc conservateurs du houblon.

1205 - 1253

Venceslas de Bohême abroge l'édit interdisant le brassage et interdit l'export de son houblon sous peine de mort.

1400

Premières utilisations de houblon en Angleterre et généralisation de son utilisation.
Le développement de la bière, les vertus conservatrices du houblon, l'absence de taxe sur celui-ci vont aider à cette généralisation.

1516

Guillaume IV de Bavière institue la loi de pureté allemande – *Reinheitsgebot* dans le texte.
Eau, céréales, houblon… et rien d'autre pour fabriquer de la bière.

1870

Louis Pasteur entre en scène. Proche du pouvoir et de Napoléon III, la défaite contre la Prusse et ses alliés lui laisse un goût amer (sans mauvais jeu de mot). La France doit prendre sa revanche. Les Allemands sont reconnus experts en matière de bière, il faut faire mieux. La bière n'est pas maîtrisée, pas stable, à cette époque notamment du fait de la non-connaissance des levures. Pasteur, grâce à ses travaux et sa compréhension du fonctionnement des levures, permet la maîtrise de leur activité grâce à la gestion de la température. C'est lui qui établit la nature vivante des levures et étudie leur activité dans la fabrication d'alcool et de CO_2. Il étudie les procédés de fabrication et donne donc son nom à la pasteurisation (traitement thermique) qui protège les productions d'éventuelles infections. Le XIXe siècle, par ses avancées scientifiques et technologiques, révolutionne le monde de la bière. Finis donc les heureux hasards, place à la science et à la compréhension de tous les phénomènes, en particulier l'action des levures, nous amenant au breuvage que nous connaissons aujourd'hui.

XIXe SIÈCLE

Avec la révolution industrielle et le développement de l'empire colonial britannique, l'exportation de bière se développe. Pour faire le voyage, les brasseurs anglais vont protéger la bière grâce à un taux d'alcool supérieur et de grandes quantités de houblon au pouvoir antiseptique. Les premières IPA, India Pale Ale, sont nées, en référence au voyage de la bière vers les colonies britanniques et notamment l'Inde.

1980 - 1990

La révolution de la bière artisanale (ou *craft beer*) est en marche ! Tout commence aux États-Unis où quelques brasseurs se mettent en tête de proposer autre chose que des bières industrielles sans goût.

1942 - 2007

Michael Jackson, comme son homonyme, est une star mondiale, mais dans le domaine de la bière. Cet écrivain britannique a publié des ouvrages sur le whisky et surtout la bière. *The World Guide to Beer*, paru en 1977, est l'un des premiers ouvrages qui mettent en avant la diversité de tous les styles de bière par région du monde. Michael Jackson promeut le savoir-faire des brasseurs artisanaux et le goût de leurs bières face aux bières industrielles. Il contribue à sauver certains styles en les recensant dans ses travaux.

2020

On compte plus de 2 000 micro-brasseries en France.

EN BREF

Jusqu'au Moyen Âge, on fait sa bière avec ce que l'on trouve : céréales, épices et autres aromates.

Jusque 1400 : les moines et seigneurs ont le monopole de la commercialisation des bières. Celles-ci sont sombres, les bières fortes sont réservées aux gros bonnets (seigneurs, abbés...). Chaque seigneurie ou monastère possède son mélange d'herbes et de plantes : le gruit. Ce gruit est taxé et ne peut être exporté en dehors du territoire.

1400 : généralisation de l'utilisation du houblon non taxé avec la perte d'influence de l'Église.

1500 : émergence des lagers de fermentation basse en Europe continentale, les premières IPA.

XIXe siècle : la science et la révolution industrielle transforment le paysage brassicole et les bières industrielles, plutôt de fermentation basse comme la pils ou les lagers américaines, inondent le marché.

1980-1990 : c'est la révolution *craft*, beaucoup de styles émergent et sont réinventés par les brasseurs artisanaux.

LES 4 FANTASTIQUES
MAIS PAS QUE...

Les ingrédients principaux qui composent la bière sont au nombre de 4 : l'eau, le malt, le houblon et les levures.
La variété de ces ingrédients ainsi que toutes les interactions et combinaisons entre eux ouvrent des possibilités de recettes quasi infinies.
Et c'est sans compter tous les ajouts possibles d'autres ingrédients tels que les épices, herbes et plantes, fruits et autres sucres ou miel.
Aucune limite à la créativité des brasseurs.

1 LE MALT

Céréale transformée qui apporte le sucre indispensable au développement des levures mais également goût, texture et couleur.

2 LE HOUBLON

Plante qui apporte l'amertume et les arômes nécessaires à l'équilibre de la bière tout en lui faisant bénéficier de ses vertus conservatrices.

3 LES LEVURES

C'est la partie vivante de la bière. Ces micro-organismes vont transformer les sucres en alcool et en CO_2 en apportant des composés aromatiques.

4 L'EAU

Elle constitue plus de 90 % de la bière. Elle est en quelque sorte le support de la bière, sa composition va donc jouer un rôle prépondérant.

7 LE MALT

LA COULEUR, LA TEXTURE ET LE GOÛT

L'ORGE

Le point de départ pour fabriquer le malt, c'est la terre, car tout démarre avec la culture de céréales. L'orge en brasserie, mais pas que… On peut utiliser en complément de l'orge d'autres céréales apportant d'autres caractéristiques. Le blé pour les bières blanches (ou bières de blé), l'avoine pour les bières que l'on voudra soyeuses et troubles, le seigle pour son goût caractéristique épicé, et les autres épeautres, sorgho, sarrasin et même quinoa qui a l'avantage de ne pas contenir de gluten.

L'orge est la céréale principale utilisée en brasserie pour plusieurs raisons.

La première est technique. En effet, c'est elle qui a le pouvoir diastasique le plus important, c'est-à-dire la capacité à développer les enzymes qui dégradent l'amidon en sucres dont vont se nourrir les levures. D'autre part, c'est une céréale facile à cultiver car elle peut l'être sous de nombreux climats. Le blé est également un très bon candidat, mais priorité lui était donnée pour la fabrication du pain, surtout en cas de récoltes compliquées.

LES GRAINS D'ORGE

Les grains sont des futures plantes et renferment notamment des ressources d'énergie carbonée nécessaires au développement de la future plante. Ces réserves d'énergie sont stockées sous forme d'amidon.

L'amidon est une longue chaîne de sucres simples. Ces sucres simples sont reliés entre eux par des liaisons chimiques. Ceci en fait un sucre complexe. L'amidon est si complexe qu'il est inutilisable en l'état. La plante a besoin d'accéder aux sucres simples qui composent l'amidon et qu'elle peut assimiler. Pour ce faire, elle a besoin d'outils, des ciseaux en quelque sorte, qui permettent de découper cette longue chaîne en de plus petites chaînes de sucres simples comme le maltose, le glucose, le saccharose, le maltotriose qui eux sont assimilables par la plante et aussi par les levures : on les appelle des sucres fermentescibles.

Ces outils de découpe sont des enzymes appelées amylases que la graine va synthétiser. Dans la nature, les graines de céréales sont dures et en dormance en attendant que les conditions climatiques favorables (eau, température, etc.) soient réunies pour qu'elles germent et que la future plante puisse se développer. C'est à ce moment qu'elle va synthétiser ces enzymes. Les sucres simples seront donc disponibles et apporteront l'énergie nécessaire à la formation et au développement de la plante.

AGRANDISSEMENT DE L'ENDOSPERME D'AMIDON

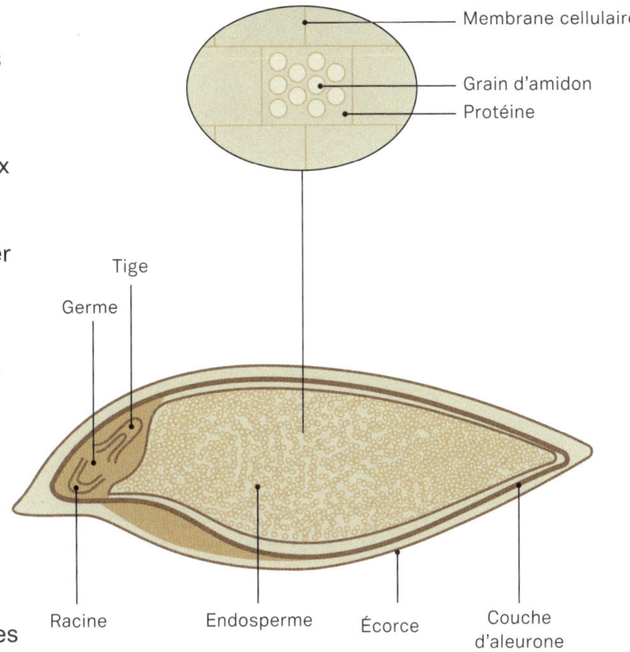

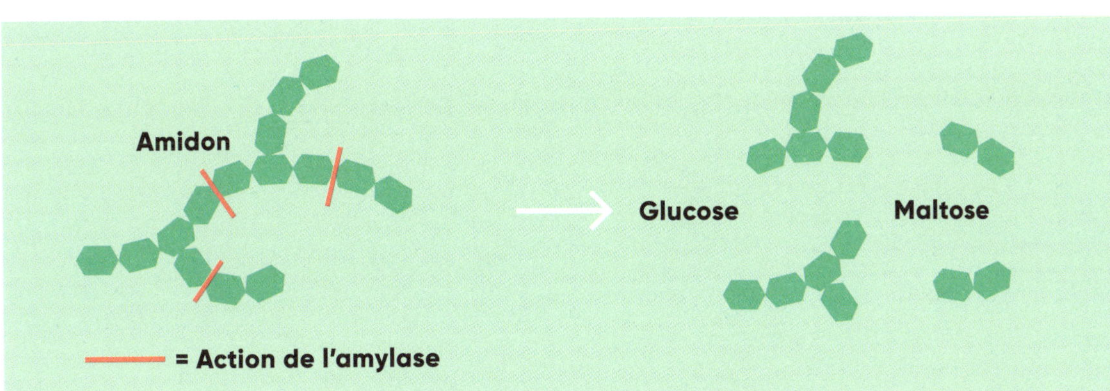

DE L'AMIDON AUX SUCRES SIMPLES

LA CULTURE DE L'ORGE

RENCONTRE AVEC PIERRE DELCOIGNE DE LA BRASSERIE DES LÉGENDES

L'ORGE

Il existe deux types d'orge : l'orge à 2 rangs principalement utilisée pour l'orge brassicole, pour sa faible teneur en protéines, et l'orge à 6 rangs appelée aussi escourgeon pour l'alimentation animale, car peu calibrable pour les malteries.
C'est une culture extensive qui ne nécessite pas beaucoup d'intrants. Elle s'adapte à tout environnement et à toutes conditions météorologiques. À partir de 5 °C, l'orge peut déjà commencer à germer, puis aura besoin de 15 à 20 °C pour fleurir et ensuite mûrir. Elle peut bien résister au froid de l'hiver, jusqu'à -10 °C.
Les orges sont plantées soit à la fin de l'hiver, soit au début du printemps, selon les variétés et le choix du producteur. Pour l'orge brassicole, on distingue donc l'orge d'hiver, récoltée entre juin et juillet, et l'orge de printemps, récoltée fin juillet. Parmi ces deux types d'orge, on distingue une dizaine de variétés plus ou moins adaptées à la brasserie. Pierre a fait le choix de cultiver de l'orge d'hiver : l'accès au champ est plus facile en début d'hiver, le rendement est meilleur, l'orge obtenu contient plus de « paille », facilitant la filtration lors du brassage.

« DE LA TERRE AU VERRE »

Pierre est issu d'une famille d'agriculteurs. En 1997, il crée la Brasserie des Géants avec sa femme Vinciane, en reprenant le Castel d'Irchonwelz qui date du XIIe siècle. En 2006, ils reprennent la brasserie Ellezelloise et le mariage des deux brasseries donne naissance à la Brasserie des Légendes qui commercialise, entre autres, les marques Quintine, Goliath, La Corne.
En 2005, dans un souci de produire encore plus local et de maîtriser la chaîne d'approvisionnement, ils décident de reprendre l'exploitation agricole familiale et de cultiver leur orge. Pierre se rend compte que peu de terres agricoles sont utilisées en Belgique pour la culture de l'orge. En effet, la superficie agricole belge est petite et les agriculteurs préfèrent les cultures plus rentables comme la pomme de terre ou la betterave.
La France voisine est le premier producteur d'orge brassicole mondial. Pierre exploite donc 17 ha de terres familiales qui donnent entre 6 et 7 tonnes à l'hectare. Mais la belle croissance de la brasserie augmente les besoins en malt et aujourd'hui le besoin en surface exploité est de 100 ha. Ils trouvent donc d'autres agriculteurs en mettant en place une politique de prix garantis pour leur permettre de bien vivre de cette culture. Pierre fait malter sa production d'orge à la Malterie du Château voisine.

AVANT LE BRASSAGE : DE L'ORGE AU MALT

NOURRIR LES LEVURES

Ce sont les réserves de sucres qui intéressent le brasseur car il a quelques millions de bouches à nourrir et à chouchouter : les levures.
Pour le brassage, le brasseur a donc besoin de tout le matériel bio-enzymatique d'un bébé graine qui est prêt à grandir : l'amidon et les amylases qui le dégraderont lors des étapes de brassage.
Dans un premier temps, l'objectif est donc de reproduire l'environnement favorable à la germination pour que la graine rassemble toutes ces ressources.

STOPPER LA CROISSANCE DE LA GRAINE

Il faut ensuite arrêter cette croissance et toutes les réactions chimiques à l'intérieur du grain, notamment la découpe de l'amidon. C'est la chaleur qui va être utilisée : une fois que la petite radicelle est apparue, on stoppe ce développement de la graine. Elle aime avoir un peu chaud, mais pas trop, elle aime le milieu humide, car l'eau est évidemment à la base de cette croissance.

LE MALTAGE : IL DURE 8 JOURS ET SE DÉROULE EN 5 ÉTAPES

01 LA TREMPE : ENTRE 28 ET 34 HEURES

C'est l'étape la plus importante. Elle a pour objectif de nettoyer les grains des différentes poussières et des résidus de la plante ainsi que l'hydratation de l'embryon de la graine permettant aux enzymes d'accéder à l'ensemble des cellules. Le futur malt est placé dans des cuves autour de 16 °C où l'on alterne les phases sous eau (arrosage ou immersion) et des phases sous air pour aérer les grains et arriver à 40 % de taux d'humidité. La radicelle apparaît à la fin de cette étape.

02 LA GERMINATION : 4-5 JOURS

Les grains sont placés dans de grands plateaux perforés. Les plateaux sont thermorégulés autour de 20 °C et aérés afin d'oxygéner le grain pour éviter fermentation et moisissure. Le grain est également arrosé pour maintenir le taux d'humidité. Il est régulièrement mélangé pour éviter le phénomène d'agrégation des grains les uns aux autres par les radicelles.
Durant cette étape, le germe se développe entraînant des modifications biochimiques importantes du grain : les parois cellulaires de l'endosperme se désagrègent, l'amidon est libéré, les enzymes sont produites et les protéines deviennent solubles.
À cette étape, le grain est appelé malt vert.

03 LE TOURAILLAGE / TORRÉFACTION : 1 À 2 JOURS

Le grain est alors séché par un flux d'air chaud. Dans un premier temps, l'eau libre s'évapore sous l'effet de la température entre 55 °C et 85 °C. À 70 °C, le malt obtenu est clair.
Ensuite vient le coup de feu entre 80 °C et 150 °C. Le grain va libérer l'eau liée. Selon la température et la durée de traitement, on obtient des malts plus ou moins colorés, de clairs à caramel.
Pour obtenir des grains torréfiés, une dernière étape de torréfaction est nécessaire. La Malterie du Château est équipée d'un torréfacteur innovant permettant notamment la récupération de chaleur tout au long du processus.
Enfin le malt est refroidi à moins de 35 °C.

Cette étape a des objectifs multiples :

- **Stopper la croissance du malt vert par dessiccation.**
- **Stabiliser le malt en abaissant l'humidité à près de 4 %.**
- **Désactiver les enzymes sans les détruire.**
- **Éliminer certaines molécules :** des composés soufrés (PDMS et DMS), des enzymes indésirables.

L'orge devient malt.

Le malt en train d'être mélangé pour éviter qu'il ne s'agrège.

VISITE DE LA MALTERIE DU CHÂTEAU

La Malterie du Château se situe en Belgique à proximité du château de Belœil dans la province du Hainaut en Wallonie.

Elle a été fondée en 1868, ce qui en fait l'une des plus anciennes malteries du monde. Elle a une capacité de production de 25 000 tonnes annuelles et produit encore de façon traditionnelle.

Depuis 2003, elle s'est spécialisée dans la fabrication de malts spéciaux et propose aujourd'hui plus de 100 types de malt. Elle se fournit à 95 % en orge brassicole français.

- **Colorer et développer des composés aromatiques.** En effet, selon le temps et la température de touraillage, plusieurs malts peuvent être fabriqués, selon la couleur et les arômes recherchés. Des moins colorés aux plus colorés, on retrouve :
  Malts clairs : saveurs légères et riches en enzymes;
  Malts cuits : saveurs de biscuit, de pain toasté;
  Malt crystal/cara : caramels;
  Malts torréfiés : arômes de grillé, de chocolat, de café.

04 LE DÉGERMAGE

Les radicelles apparues lors de la germination ont tendance à absorber l'humidité de l'air et contiennent des molécules astringentes et colorantes. Il faut donc les éliminer. Cette étape s'effectue par une action mécanique sur des plateaux vibrants.

05 LE STOCKAGE ET LE CONDITIONNEMENT

Le malt est ensuite stocké en silo et conditionné. Il est livré aux brasseries dans des sacs de 25 kg, dans des big bag (entre 400 kg et 1,2 tonne) ou directement en vrac si la brasserie possède un silo de stockage.

EN RÉSUMÉ, LE MALT :

- **Apporte le sucre nécessaire aux levures.**
- **Présente une diversité importante entre la céréale utilisée et les barèmes de touraillage.**
- **Possède des arômes très divers.**
- **Propose une large palette de couleur.**

Pour évaluer la couleur de la bière, plusieurs échelles existent, en Europe c'est l'indice EBC (European Brewery Convention) qui est couramment utilisé, aux États-Unis, c'est l'indice SRM.

UN BON MALT

Un malt de bonne qualité est nécessaire, car il influe sur beaucoup de paramètres : le goût et la couleur de la bière, l'efficacité du brassage. De nombreux contrôles qualité sont mis en place à sa réception.

- **Calibrage : les grains sont calibrés autour de 2,5 mm et doivent être homogènes et de la même variété (pureté variétale). Cela permet un bon maltage et un meilleur rendement du malt au brassage.**
- **Germination : plus de 95 % des grains doivent germer en 5 jours, car les grains non germés sont des déchets. La récolte de l'orge doit donc se faire au bon niveau de maturité.**
- **Teneur en protéines : elle doit être d'environ 10 % car l'excès de protéines ne permet pas une bonne trempe au niveau du maltage et provoque *in fine* un trouble non désiré dans la bière.**
- **L'humidité du grain : elle doit être inférieure à 14,5 % pour un bon stockage avant le maltage.**
- **Mycotoxines : une des maladies de l'orge, la fusariose, vient d'un champignon produisant des mycotoxines. Un malt qui contient des mycotoxines rend la bière impropre à la consommation.**

ÉCHELLE EBC DES DIFFÉRENTS TYPES DE MALT

Les malts pilsen et pale ale portent le nom des bières les plus classiques fabriquées avec ces malts de base.

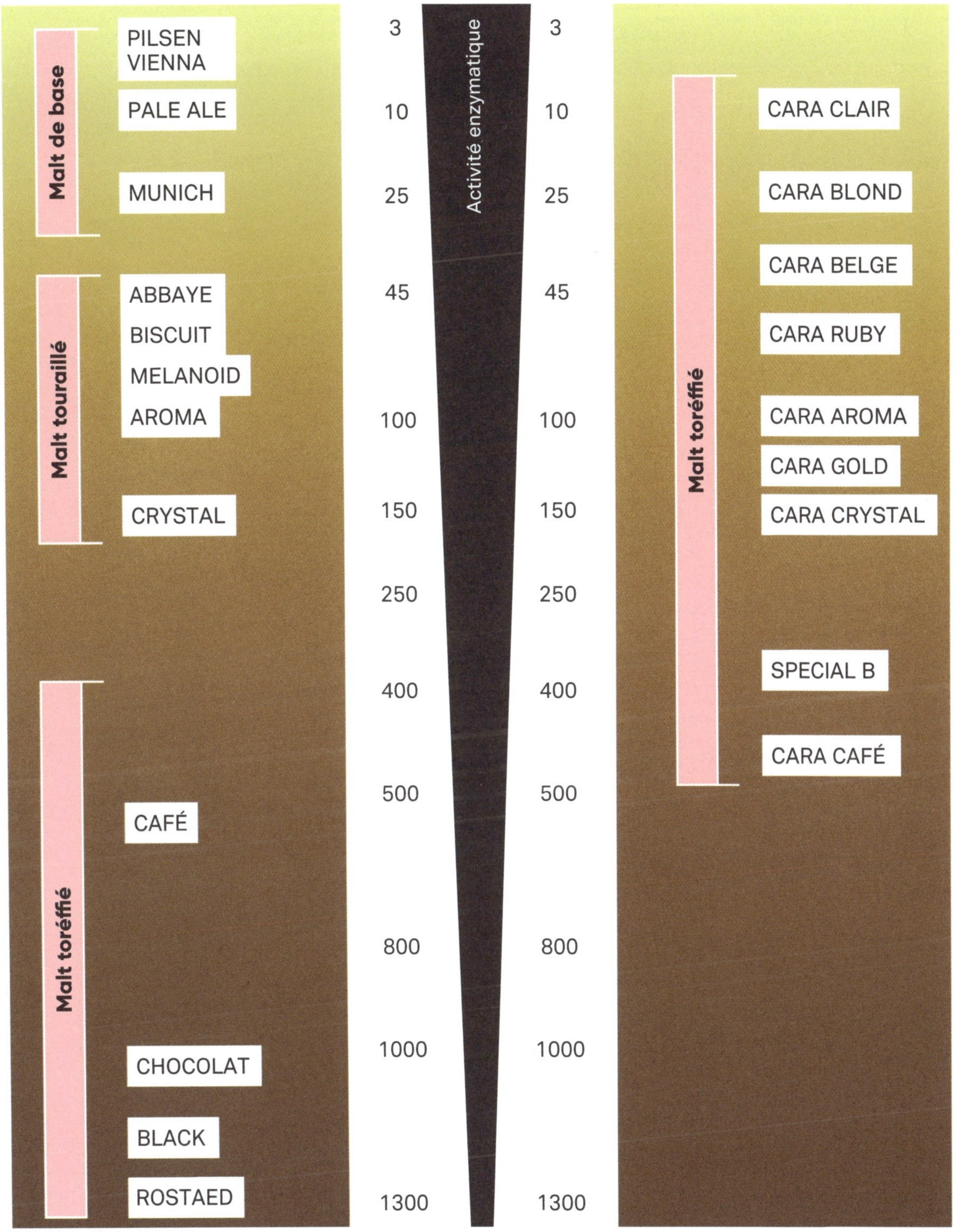

LE HOUBLON

AMERTUME ET ARÔMES

REPRÉSENTATION SCHÉMATIQUE D'UN CÔNE FEMELLE

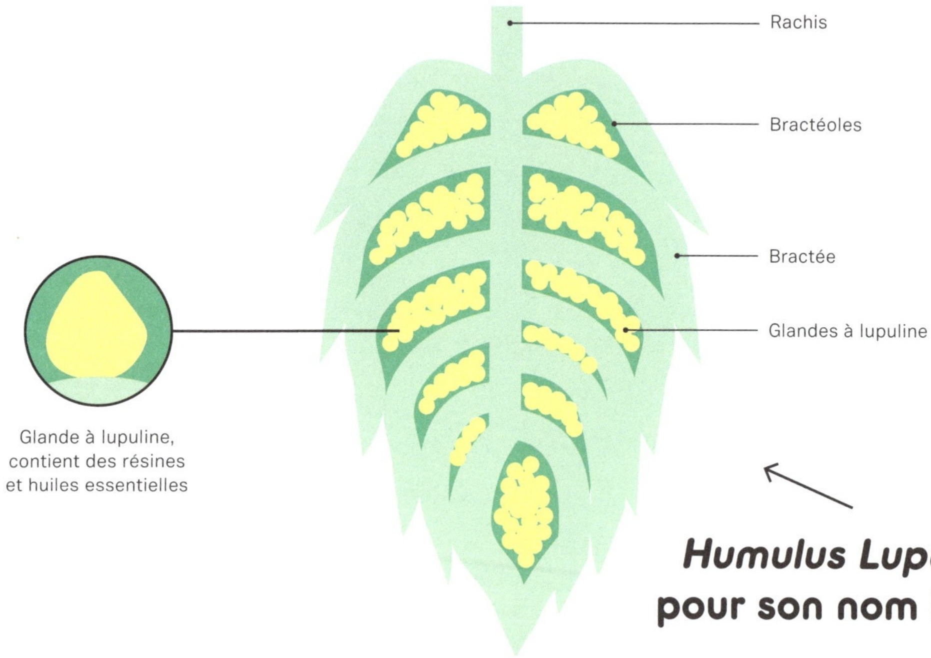

***Humulus Lupulus* pour son nom latin.**

LA PLANTE

Le houblon est un cousin du cannabis. Ça, c'est dit ! Ils appartiennent tous deux à la famille des cannabacées. Pour ces deux plantes, c'est la fleur femelle qui est intéressante car elle contient de la résine, contenant le THC, une molécule active aux effets psychotropes, et des molécules donnant l'amertume à la bière et conférant aux houblons des vertus conservatrices.

Le houblon est une liane vivace qui pousse très vite jusqu'à 20 cm par jour au plus fort de sa croissance et monte jusqu'à 10 m. Elle atteint sa maturité au bout de trois ans. Elle pousse naturellement sur la bande tempérée de l'Eurasie (Eurasie méridionale) et du continent américain, car elle a besoin à la fois de soleil et d'eau. La phase de floraison de la plante dure de mai à septembre, moment de la récolte.

Le houblon est une plante dioïque, c'est-à-dire avec des plants femelles et des plants males. Ce sont donc les fleurs femelles qui sont utilisées en brassage. On les appelle des cônes. Elles contiennent une résine appelée lupuline qui en se décomposant produit les acides alpha qui apportent l'amertume à la bière. Le houblon contient également des huiles essentielles apportant des arômes floraux, fruités.

OÙ CULTIVE-T-ON LE HOUBLON ?

Comme évoqué précédemment, l'utilisation systématique du houblon n'est apparue que tardivement. Sa culture a suivi le développement des brasseries au fil de l'histoire.

L'Allemagne, historiquement la première utilisatrice de houblon, fait partie des deux plus gros producteurs de houblon avec les États-Unis où la culture du houblon a suivi la croissance exponentielle du nombre de brasseries artisanales depuis les années 1970, qui ont mis en avant des styles beaucoup plus houblonnés que les styles historiques.

Les principaux autres producteurs, assez loin derrière, sont la République tchèque, la Chine, le Royaume-Uni et l'Australie. La France, historiquement productrice de houblon, se classe en 10ᵉ position avec un marché en croissance. Les deux principales régions productrices sont les régions brassicoles historiques : l'Alsace et le Nord.

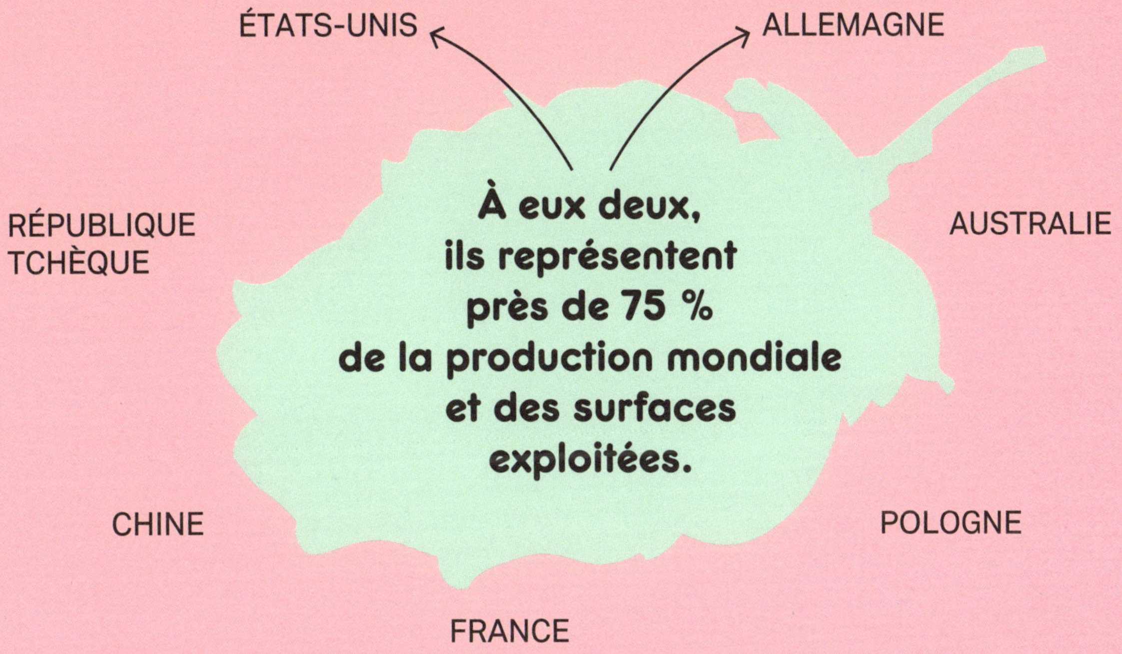

Le houblon étant une production agricole, le terroir a une grande importance dans la composition et les caractéristiques du produit final. La culture d'une même variété sur des territoires différents donnera des houblons de nature très différente. Pour faire simple, les houblons européens continentaux auront des flaveurs dominantes plutôt florales et herbacées, voire épicées ; au Royaume-Uni, elles seront plutôt boisées et légèrement fruitées ; quant aux houblons américains, leurs arômes tireront vers du très fruité (agrumes et fruits tropicaux) et résineux.

LES VARIÉTÉS DE HOUBLON

Il existe plus de 250 variétés de houblon utilisées dans le monde brassicole.
Leur composition, notamment en acides alpha et huiles essentielles, les caractérise.

EUROPE

NOM	ORIGINE	ACIDES ALPHA[1]	PROFIL AROMATIQUE
Hallertau	Allemagne	3,5-5,5 %	Houblon noble, modérément épicé, floral, légèrement terreux
Hüll Melon	Allemagne	6,9-7,5 %	Fraise et melon jaune
Magnum	Allemagne	11-15 %	Amertume très propre, modérée et subtile
Mandarina Bavaria	Allemagne	7-10 %	Mandarine et agrumes
Perle	Allemagne	6-8 %	Épicé, mentholé et floral
Polaris	Allemagne	19-23 %	Mentholé, ananas
Tettnang	Allemagne	3,5-5 %	Houblon noble, herbacé, légèrement épicé et boisé
Aramis	France	8 %	Herbacé, floral, terreux et citron
Barbe Rouge	France	7,5 à 16 %	Fruits rouges (fraise, cerise) prononcé, agrumes, bon équilibre herbacé et épicé
Strisselspalt	France	3-5 %	Épicé, agrumes, floral, fruité et herbacé
Triskel	France	8-9 %	Très floral, agrumes et épices
Saaz	Rép. tchèque	3-5 %	Houblon noble typique des pilsners tchèques, épicé, légèrement terreux, herbacé et minéral
Admiral	Royaume-Uni	13,5-16 %	Légèrement résineux et d'agrumes avec une pointe d'arômes herbacés
Bramling Cross	Royaume-Uni	7-10 %	Houblon anglais typique avec des arômes de mûre, de groseille et de citron
Brewer's Gold	Royaume-Uni	4-11 %	Notes épicées et de mûre
Challenger	Royaume-Uni	6-9 %	Cèdre, thé vert et fruit sucré
East Kent Goldings	Royaume-Uni	4,5-6,5 %	Notes délicates épicées et florales, lavande, miel, thym, pamplemousse
Fuggle	Royaume-Uni	4-6 %	Boisé, terreux, modérément épicé
Northern Brewer	Royaume-Uni	8-10 %	Boisé, mentholé et pinède
Target	Royaume-Uni	8-13 %	Terreux, herbe fraîche

1. Plus le taux d'acides alpha est élevé, plus le houblon apporte de l'amertume. Le brasseur ajuste les quantités de houblon en fonction de la teneur en acides alpha qui peut varier selon les récoltes. Ainsi plus le taux d'acides alpha sera élevé, moins on mettra de houblon.

ÉTATS-UNIS

NOM	ORIGINE	ACIDES ALPHA	PROFIL AROMATIQUE
Ahtanum	États-Unis	5,7-6,3 %	Agrumes et fleurs avec une pointe de pamplemousse. Parfois terreux et résineux
Amarillo	États-Unis	8-11 %	Floral, agrumes
Cascade	États-Unis	7,7-9,1 %	Légèrement floral avec des notes très prononcées de pamplemousse
Chinook	États-Unis	11-14 %	Épicé, avec des notes de pin et d'agrumes
Citra	États-Unis	10-12 %	Arôme intense de mangue, fruits tropicaux et agrumes. Notes de groseille ou de litchi
Columbus	États-Unis	14-18 %	Arômes d'agrumes et boisé
El Dorado	États-Unis	14-16 %	Des puissants arômes de fruits à noyau
Equinox/Ekuanot	États-Unis	14,4-15,6 %	Citron jaune, citron vert, papaye, notes florales et herbacées
Lemondrop	États-Unis	5-7 %	Citron
Mosaic	États-Unis	10-12 %	Mangue, papaye, rose, fruits à noyau, 4 baies, melon, chewing-gum, parfois herbacé
Sabro	États-Unis	12-17 %	Mandarine, noix de coco, fruits tropicaux et fruits à noyau, notes de cèdre
Simcoe	États-Unis	11-14 %	Pinède, agrumes
Talus	États-Unis	8-10 %	Mangue, pamplemousse, note de cèdre

NOUVEAU MONDE

NOM	ORIGINE	ACIDES ALPHA	PROFIL AROMATIQUE
Vic Secret	Australie	14-17 %	Ananas, fruits tropicaux, fruits à noyau, agrumes, pamplemousse, pin, résineux
Galaxy	Australie	13-15 %	Fruit de la Passion, fruits tropicaux, agrumes et notes de pêche et de mangue
Sorachi Ace	Japon	12-16 %	Citron, citronnelle, sorbet au citron vert
Motueka	Nouvelle-Zélande	6,5 -7,5 %	Citron, fruits tropicaux, épices, zeste de citron vert frais (mojito)
Nelson Sauvin	Nouvelle-Zélande	11-13 %	Vin blanc, pamplemousse, baie acidulée
Pacific Gem	Nouvelle-Zélande	13-16 %	Arômes de mûre, chêne
Riwaka	Nouvelle-Zélande	5-7 %	Très fort en agrumes et pamplemousse avec des notes de fruits tropicaux

LA CULTURE DU HOUBLON

Le houblon cultivé a une génétique très proche de celle du houblon sauvage et a donc besoin des mêmes conditions exigeantes en qualité de sol. La plante endémique pousse en général le long des rivières au sol fertile avec un paillage naturel (les feuilles qui jonchent le sol) qui garde le sol et donc les racines au frais. La partie végétative de la plante a besoin de soleil et la racine a besoin de fraîcheur.

Pour respecter le cycle de la plante et avoir les meilleures récoltes, on plante le houblon au mois de mars pour une récolte en septembre.

On paille le sol et on arrose. Le paillage a plusieurs utilités : empêcher l'évaporation de l'eau quand les températures augmentent, isoler de la chaleur, empêcher les mauvaises herbes de pousser autour du plant de houblon et, sur le long terme, améliorer la qualité organique du sol.

Une cinquantaine de pousses de houblon par plant, les jets de houblon, vont sortir de terre. On n'en garde que 3 ou 4 par pied.

Ces lianes vont être enroulées à la main autour d'un fil tuteur qui s'élève jusqu'à 10 m de hauteur.

En 4 mois, la plante va croître jusqu'à 8 mètres de hauteur. Quand elle n'a plus de support, on dit que la plante bascule. Il faut que la plante bascule autour du 20 juin. De juillet à août, les lianes vont ensuite produire des rameaux latéraux qui donneront les cônes.

RÉCOLTE ET CONDITIONNEMENT

La récolte a lieu en septembre. Les lianes sont coupées et comptent environ 2 000 à 2 500 cônes par pied. On sépare les cônes de la liane.
Il faut alors sécher le houblon le plus vite possible pour sa conservation. Il contient 80 % d'humidité qu'il faut faire descendre à 10 %.
Le séchage s'effectue à 65 °C dans des grands séchoirs qui soufflent de l'air chaud car au-delà les acides alpha se dégradent. Ce processus dure environ 8 heures.
Le houblon est ensuite :

- Mis en balles de houblon pour le houblon frais en cônes ;
- Ou mis sous forme de pellet et conditionné en sacs de différentes tailles. C'est la forme principalement utilisée par les brasseurs car la plus pratique en termes de transport et d'utilisation.

Le houblon se conserve au frais : 6 mois pour les cônes et 1 an pour les pellets.

L'UTILISATION DU HOUBLON

La connaissance accrue de la composition du houblon permet d'affiner son utilisation et notamment de maîtriser les interactions avec les autres composants de la bière.
L'utilisation des houblons peut se faire à différentes étapes du processus de brassage, selon l'apport que l'on veut leur donner :

- **Pour apporter de l'amertume :** on ajoutera au moment de l'ébullition du moût des houblons avec un fort taux d'acides alpha.
- **Pour apporter les arômes :** on ajoutera le houblon à la fin du processus de brassage pour privilégier l'extraction des arômes plutôt que l'amertume.
- **Pour augmenter l'aromatique sans apporter d'amertume supplémentaire :** on ajoutera du ou des houblons riches en huiles essentielles pendant la fermentation. C'est ce que l'on appelle le *dry hopping* ou houblonnage à cru. Cette méthode est indispensable au style IPA. Les temps de contact, le moment de l'ajout, la façon d'ajouter le houblon (infusion, recirculation...) auront un impact sur la puissance aromatique dégagée.

L'IBU

Pour évaluer l'amertume, on utilise l'IBU (International Bitterness Unit). **On peut considérer qu'une unité d'IBU correspond à 1 mg d'acide alpha par litre de bière.**
Plus l'IBU est élevée, plus l'amertume est importante. C'est une mesure absolue qui donne une indication sur le niveau d'amertume. Attention, l'amertume peut être contrebalancée, par exemple par le côté rond et sucré de sucres résiduels donnant une amertume ressentie bien moindre que l'amertume théorique.
À l'inverse, une bière sèche avec peu de sucres résiduels peut augmenter l'impression d'amertume ressentie.
On verra par la suite que les houblons amérisants sont ajoutés au moment de l'ébullition d'une heure. Plus on les ajoute tôt, plus l'amertume sera importante.

AU CŒUR D'UN

ÉDOUARD, HOUBLONNIER DE PÈRE EN FILS

Chez Édouard, on est agriculteur depuis 20 générations. C'est pourtant vers la cuisine qu'il s'est d'abord tourné. Après une formation chez Ferrandi, il crée une agence de communication pour promouvoir la bière à table, étant lui-même brasseur amateur.

En 2013, il ressent un besoin de revenir à une activité plus concrète et, un an plus tard, crée une première micro-houblonnière en 2014 dans les Flandres sur l'exploitation de son père. En parallèle, il développe une activité d'aide à la création de houblonnière, service inexistant à l'époque. « Cela faisait 40 ans qu'on arrachait du houblon et rien pour aider les producteurs : fourniture de plants, réseau, formation, solution de pelletisation. »

Il cofonde également en 2015 l'association Houblons de France qui promeut la filière et la relocalisation du houblon. Il cherche à réconcilier les brasseurs et les producteurs de houblon, deux mondes finalement assez déconnectés.

En 2017, il crée sa houblonnière bio de 1 ha avec pour objectif de tester de nouvelles variétés cultivables en bio et résistantes. Entre 2017 et 2021, ce ne sont pas moins de 29 variétés testées sur la houblonnière.

Dans le but de pouvoir concurrencer les autres pays producteurs de houblon au niveau aromatique, notamment les États-Unis, Édouard adopte une véritable démarche de recherche :

- variété résistante aux ennemis du houblon : champignons (mildiou, oïdium) et insectes (puceron et araignée rouge) ;
- séchage efficace du houblon pour conserver les acides alpha mais surtout les huiles essentielles qui apportent les arômes.

HOUBLONNIÈRE

LES LEVURES

TRANSFORMATION DES SUCRES EN ALCOOL

QU'EST-CE QUE C'EST ?

Les levures sont des êtres vivants unicellulaires et font partie de la famille des champignons. Elles sont aptes à la fermentation de matières organiques. La levure *saccharomyces cerevisiae* est la souche utilisée en brasserie et en boulangerie.

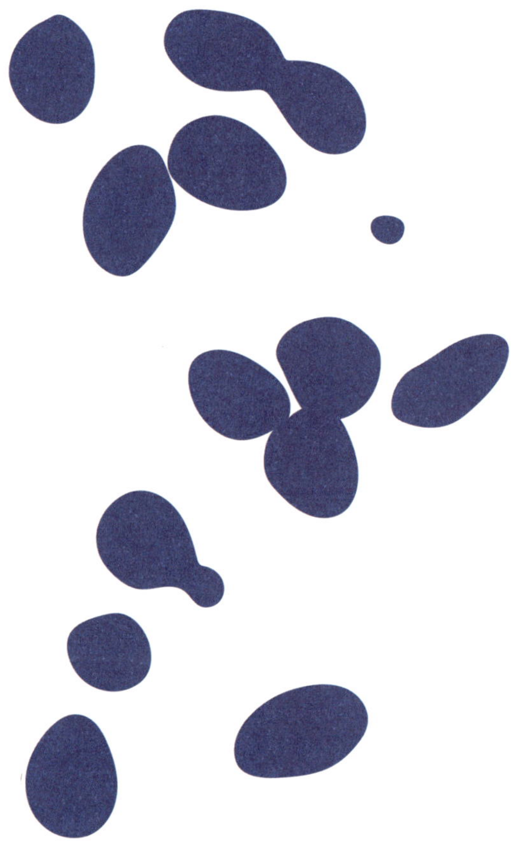

On a coutume de dire que le brasseur fabrique le moût et que la levure fait la bière.

Ce n'est qu'avec les travaux de Pasteur, qui a compris que la fermentation venait des êtres vivants, que l'on a appris le mécanisme de la fermentation.

Auparavant, les brasseurs recueillaient le krausen d'anciens brassins – une couche épaisse que forment les levures en surface lors de la fermentation – pour ensemencer un nouveau brassin. Depuis, les levures sont sélectionnées, cultivées et il est possible d'avoir sa propre levure que l'on maintient dans le temps comme certains levains en boulangerie.

LA FERMENTATION

Sucres + Levures = Alcool + Gaz carbonique

Comme tout être vivant, le but des levures est de se reproduire pour assurer la survie de l'espèce. Pour ce faire, elle a besoin d'énergie. Elle utilise deux voies, la respiration aérobie (en présence d'oxygène) et la fermentation alcoolique anaérobie (absence d'oxygène). Dans le cas du brassage, au moment de l'ensemencement (ajout des levures), les levures vont consommer l'oxygène dans une première phase de respiration lors de laquelle la population va se développer rapidement. La bière étant dans un contenant fermé (le fermenteur), la levure va consommer tout l'oxygène disponible. Sans oxygène, la levure va mettre en place le mécanisme de fermentation alcoolique.

En présence de sucres, à la bonne température et en colonies suffisantes, les conditions idéales sont réunies pour que tous les sucres disponibles soient consommés. Cette réaction libère de l'énergie sous forme de chaleur.

Plusieurs coproduits vont être fabriqués lors de cette réaction comme les esters aux arômes fruités (banane, pomme, agrumes…), les phénols au goût épicé (clous de girofle…) mais aussi des molécules dont les arômes ne sont pas du tout désirés comme des composés soufrés, le diacétyle ou d'autres alcools appelés alcools de fusel.

Mais les levures, une fois tous les sucres consommés, gardent l'instinct de survie et peuvent dégrader ces molécules indésirables. C'est le but de la garde, période de repos après fermentation. La levure parfois sous-estimée n'est donc pas qu'un simple ingrédient, mais un allié à soigner.

LES DEUX PROFILS DE LEVURES

Le travail réalisé sur les levures depuis les découvertes de Pasteur a permis de développer des souches différentes qui auront chacune leur spécificité.

Certaines seront sélectionnées pour le profil aromatique qu'elles développeront :

- **Les levures de saison donneront un profil caractéristique épicé à ce style rustique.**
- **Pour les NEIPA (New England Indian Pale Ale), par exemple, l'utilisation de levures produisant des esters fruités viendra soutenir les arômes de fruits issus des houblons.**

D'autres seront sélectionnées pour leurs caractéristiques techniques :

- **Un goût neutre si le style brassé veut mettre en avant les arômes des autres ingrédients (malts, houblons…).**
- **Une résistance à l'alcool pour brasser des bières fortes.**
- **Certaines levures ne dégradent aucun sucre complexe, ce qui donnera un profil plus sucré à la bière finale.**

L'ATTÉNUATION

Un des paramètres importants pour le brassage est ce que l'on appelle l'atténuation. C'est la capacité de la levure à consommer le sucre. Certaines levures ne dégraderont pas les sucres plus complexes, d'autres vont aller plus loin.

Pour une même quantité de sucre au départ, plus l'atténuation sera importante, plus la bière consommera les sucres et plus la bière sera sèche et forte en alcool.

Dans tous les cas, comme tout être vivant, les levures ont un côté fragile et il va falloir prendre soin d'elles. Les levures ayant subi un stress peuvent développer des faux goûts (voir page 56) ou tout simplement ne pas démarrer le processus de fermentation.

Finalement, le travail des brasseurs et des brasseuses est de placer les levures sélectionnées dans les meilleures conditions en jouant avec tous les paramètres possibles pour développer leur efficacité.

PARAMÈTRES EN JEU DANS LE TRAVAIL DES LEVURES

LA TEMPÉRATURE

Elle doit être maîtrisée et régulée pour que les levures évoluent dans un milieu où elle est optimale.

LA QUALITÉ DU MOÛT

Les levures doivent évoluer seules. Les conditions d'hygiène doivent être strictes pour que seules les levures se développent sans concurrence avec d'autres micro-organismes.

LA COMPOSITION DU MOÛT

Selon la levure sélectionnée, la quantité de sucres et la composition en sucres (sucres simples, sucres plus complexes…) détermineront le profil final de la bière.

On distingue deux grands types de fermentation selon les levures utilisées qui donneront deux grandes familles de bières : les ales et les lagers.

LES ALES

Les levures fermentent entre 18 °C et 25 °C, c'est une fermentation dite haute. Les levures ont des profils plutôt marqués en termes aromatiques (fruité, épicé). Elles permettent pour certaines de produire des bières fortes en alcool.

LES LAGERS

Les levures fermentent entre 8 °C et 14 °C, c'est une fermentation dite basse. Les levures ont des profils plus fins et légers en termes aromatiques faisant la part belle aux arômes issus du malt et des houblons. Les taux d'alcool des bières brassées en fermentation basse sont plus faibles. Avec les progrès techniques, et notamment la maîtrise du froid, la fermentation basse a été adoptée par les industriels au XIXe siècle.

L'EAU
LE SUPPORT DE LA BIÈRE

UN RÔLE MAJEUR

La bière est composée d'eau à plus de 90 % ce qui fait de l'eau son ingrédient principal. Elle aura donc forcément un impact sur la qualité du brassage et le goût de la bière. Tout repose sur la composition en sels minéraux de l'eau et l'équilibre chimique qui en découle.

LE PH : UN PARAMÈTRE ESSENTIEL

Le potentiel hydrogène (pH) est la mesure de l'acidité ou l'alcalinité (ou basicité) d'une solution. Il est à surveiller tout au long du processus. Le niveau se mesure sur une échelle de 0 à 14, du plus acide au plus basique.

Le pH influe sur beaucoup de phénomènes chimiques lors du brassage. En cas de pH trop basique notamment, l'activité des amylases est réduite et la solubilité de certaines molécules, comme les tanins ou les phénols (indésirables dans la bière), augmente. La plupart des micro-organismes ne se développent pas ou peu à des pH acides. Le contrôle du pH va donc permettre de protéger la bière.

UN ÉQUILIBRE IMPORTANT

C'est l'équilibre des minéraux qui est responsable du pH de l'eau.
Ces éléments sont chargés positivement (cations) ou négativement (anions).
Les principaux minéraux sont :

- Les cations : calcium, magnésium, sodium, potassium ;
- Les anions : bicarbonates, chlorure, sulfate, nitrate, phosphate.

Solutions acides	0	ACIDE CHLORYDRIQUE
	1	
	2	JUS DE CITRON
	3	VINAIGRE BOISSONS GAZEUSES
	4	**BIÈRE**
	5	CAFÉ
	6	
Solutions neutres	7	EAU PURE
Solutions basiques	8	EAU DE MER
	9	BICARBONATE DE SODIUM
	10	SAVON
	11	
	12	
	13	
	14	SOUDE

LES MINÉRAUX : UN IMPACT SUR LE GOÛT ?

En plus du pH, ces minéraux peuvent impacter le goût de la bière. Voici quelques-uns de leurs impacts :

Les bicarbonates ont un effet important sur le pH : plus ils sont élevés, plus la solution a un pouvoir tampon, c'est-à-dire qui absorbe les variations de pH. Plus ils sont élevés plus il est difficile de réguler le pH.

Les chlorures ont un impact sur le goût et apporteront de la rondeur.

Les sulfates quant à eux appuieront l'amertume.

Les bicarbonates de calcium et de magnésium sont responsables de la dureté de l'eau.

Le calcium en excès peut donner un goût minéral.

Le sodium à une certaine concentration donne un côté salé.

LE POUVOIR DE L'EAU

La connaissance de la composition de l'eau est donc importante pour le brassage et on peut aller plus loin en modifiant sa minéralité, car on connaît aujourd'hui les phénomènes chimiques.

Historiquement, les brasseurs utilisaient l'eau qu'ils avaient à leur disposition. Cet élément de terroir contraignant a poussé les brasseurs à modifier méthodes de brassage et ingrédients pour arriver à faire des bières de qualité.

Cela a donné des styles de bières différents en fonction des qualités d'eau disponible.

DEUX EXEMPLES HISTORIQUES

STOUT

Le profil d'eau à Dublin est caractéristique de ses sols : l'eau y est riche en carbonates et en calcium et assez pauvre en autres sels. Cela donne une eau très alcaline provoquant difficultés (mauvaise extraction des sucres) et faux goûts (tanins et phénols qui donnent un goût astringent désagréable). Les brasseurs se sont rendu compte que les malts les plus torréfiés, qui sont acides, permettaient d'éviter ces problèmes. Le style stout était né.

PILS

Le profil d'eau de Pilsen (République tchèque) est assez particulier également. L'eau est naturellement filtrée sur des sols granitiques. Cela donne une eau très douce, faiblement minéralisée. Elle a un pH parfait pour travailler les malts très clairs et laisser le houblon s'exprimer. Cela a donné naissance au style pils.

DE L'INFLUENCE DE L'EAU SUR LA BIÈRE

Aujourd'hui, les brasseurs utilisent pour la plupart l'eau du réseau qui est traitée pour être rendue potable. L'effet terroir est donc atténué, même si l'eau du réseau reste une eau locale : le profil d'eau à Lille sera différent du profil d'eau à Lyon ou Bordeaux. De plus, l'eau disponible et son profil minéral joueront un rôle sur la recette que l'on veut.

POUR ADAPTER SON EAU, 3 POSSIBILITÉS :

- l'indispensable : ajuster le pH, notamment au moment du brassage. En général, l'eau du réseau est quasiment neutre ou légèrement alcaline. L'ajout de malt va acidifier cette eau, mais ce n'est pas toujours suffisant. On peut soit utiliser un malt spécial appelé malt acide en quantité limitée, soit ajouter un acide ou mélange d'acides (lactique, phosphorique...) ;
- ajuster sa composition en ajoutant divers sels selon le profil que l'on veut obtenir ;
- repartir de zéro en osmosant l'eau (retirer tout ou partie des sels minéraux) et en ajoutant les sels selon le style brassé.

LES AUTRES INGRÉDIENTS

La définition légale en France impose certaines règles, mais interdit peu d'ingrédients. L'apport des sucres doit venir à 50 % de céréales et certaines dénominations doivent être ajoutées (« bière à » ou « bière aromatisée à ») en cas d'ajouts d'ingrédients autres que les 4 fantastiques. Seuls les produits d'origine animale sont interdits (excepté le miel et une tolérance pour le lactose) ainsi que les colorants non naturels. On peut donc tout imaginer comme ajout d'ingrédient à une recette de bière. Historiquement, quelques ajouts sont plutôt communs, comme les sucres, les fruits, les fleurs, les herbes et les épices.

LES SUCRES

L'utilisation première du sucre n'est pas forcément aromatique mais plutôt technique. En effet, en ajoutant du sucre on peut augmenter le taux d'alcool pour diverses raisons :

- un brassage qui ne s'est pas bien passé et qui nécessite une correction pour atteindre le bon taux de sucre donc d'alcool final ;
- une limite technique qui ne permet pas d'ajouter assez de malt dans les cuves de brassage pour atteindre un certain niveau d'alcool.

En général, on utilise du glucose ou dextrose pour leur facilité d'usage, mais après fermentation il ne reste plus d'arôme particulier. On peut donc utiliser d'autres sucres plus aromatiques, caramélisés : vergeoise, sucre candi, miel (on choisira un miel de qualité, très aromatique).

LES FRUITS

Les fruits sont utilisés depuis l'apparition de la bière. Le sucre contenu dans les fruits permettait notamment d'augmenter le taux d'alcool.

La façon la plus hygiénique et pratique est l'utilisation de purée qui ne contient que les sucres du fruit (contrairement au sirop). Rien n'empêche l'utilisation de fruits entiers, mais cela peut poser un problème d'hygiène, de résidus et de clarification.

Les écorces de fruits sont également commodes, car on peut les ajouter à chaud. C'est le cas des écorces d'orange et d'agrumes typiques des witbiers (bière blanche belge).

Tous les fruits sont utilisables et ont plus ou moins d'intérêt après fermentation.

La framboise et les fruits rouges de façon générale apportent leur acidité et leurs arômes tout comme le fruit de la Passion. La pêche, la mangue et les autres fruits charnus apportent de la rondeur…

Certains styles sont très adaptés à l'ajout de fruits, notamment les bières de fermentation spontanée et mixte comme les lambics ou les autres bières acides.

LES FLEURS ET HERBES

L'hibiscus pour sa couleur rose à violette et son côté acidulé, le sureau et sa fraîcheur sont des exemples classiques de fleurs utilisées en brasserie. Les bières de blé (ou plus vulgairement les bières blanches) se prêtent très bien à l'ajout de fleurs.

Petite contrainte cependant sur l'aspect végétal qui ne supporte pas la cuisson (goût de légumes cuits), on utilisera donc des fleurs ou herbes séchées si on les ajoute au moment de la cuisson du malt, sinon elles seront ajoutées en fin de fermentation.

On peut essayer de reproduire le gruit anciennement utilisé à la place du houblon pour l'aromatisation de la bière.

LES ÉPICES

La variété des épices ouvre des possibilités quasi illimitées. Les classiques sont les clous de girofle, la coriandre, la cannelle et les baies de genièvre.

Piments, poivres (attention au côté brûlant), cardamome aux goûts très différents et prononcés sont des excellents candidats également.

Côté sucré, l'ajout de café ou de cacao donne des saveurs gourmandes et soutient les arômes issus des malts torréfiés.
La vanille apporte des notes très réconfortantes.

LE VIEILLISSEMENT EN BARRIQUE

Pour complexifier encore plus le goût d'une bière, on peut utiliser le bois. C'est un retour aux sources, car ce sont les Gaulois qui ont inventé le tonneau, remplacé depuis par les fûts inox que nous connaissons aujourd'hui.

Il s'agit de faire vieillir des bières (entre 3 mois et 2 ans) dans des barriques. Ces barriques bien souvent en chêne en apportent les arômes à la bière. Selon l'essence de chêne utilisée, on peut retrouver des arômes de vanille, de noix de coco, d'épices et de fleurs.
Et pour aller encore plus loin, on réutilise des barriques ayant contenu d'autres alcools auparavant :

- les barriques ayant contenu des spiritueux sont intéressantes car elles renferment encore des arômes de whisky, de bourbon, de rhum, de sherry ou de cognac ;
- les barriques auparavant remplies de vins peuvent apporter la finesse de leurs arômes.

Certains producteurs de spiritueux recherchent aujourd'hui des barriques ayant contenu des bières notamment des bières houblonnées. La boucle est bouclée !

LES ÉTAPES DU BRASSAGE

Il y a trois grandes étapes pour la fabrication de la bière :

- **Le brassage : il consiste à fabriquer le moût.**
- **La fermentation : elle va transformer ce moût en bière sous l'action des levures.**
- **Le conditionnement : la mise en bouteilles, canette ou fût de bière.**

1 BRASSAGE
JOUR 1

Concassage
Empâtage
Filtration
Ébullition
Refroidissement et ensemencement

2 FERMENTATION
JOURS 1 À 14-35

Travail des levures
Contrôle de la température
Suivi de l'évolution de la densité
Dry hopping selon les recettes

3 CONDITIONNEMENT
DERNIER JOUR

Filtration
Conditionnement

01 LE CONCASSAGE

Le grain est stocké soit en silo, pour le malt de base utilisé en grande proportion dans les recettes, soit en sac, pour les malts spéciaux utilisés en moindre quantité. Les grains de malt sont broyés dans un concasseur pour permettre de libérer l'amidon contenu dans les grains. Le concassage ne doit être ni trop gros – les grains doivent être grossièrement écrasés, l'écorce des grains servira de filtre naturel – ni trop fin, s'il y a trop de farine la filtration sera compliquée.

02 L'EMPÂTAGE

En salle de brassage, la mouture est mélangée à de l'eau chaude entre 62 °C et 72 °C selon la recette, pendant environ une heure. C'est l'étape où les enzymes sont activées pour dégrader l'amidon en sucres plus simples. La cuve est chauffée soit par des résistances électriques, soit au gaz, soit par de la vapeur injectée dans une double enveloppe.

Malt de blé prêt à être concassé

03 FILTRATION ET ÉVACUATION DES DRÊCHES

Après une montée en température autour de 78 °C pour désactiver les enzymes, la maische (grains + eau) est transférée dans la cuve filtre et le mélange est arrêté. La filtration se fait à travers les écorces de grain qui, laissées au repos, forment un « gâteau », filtre naturel. L'objectif est de recueillir le moût (jus sucré) débarrassé des enveloppes de grain (les drêches) et grosses particules. Cette étape a une durée variable (entre 1 h 30 et quelques heures) en fonction de l'efficacité du matériel, de la qualité du concassage, de la qualité de l'empâtage et de la composition de la maische.
Les drêches sont évacuées en fin de filtration. Elles reviendront à un agriculteur car elles sont un excellent complément alimentaire pour les bovins, ou elles seront envoyées en méthanisation pour la fabrication de biogaz.

DE LA FERMENTATION AU CONDITIONNEMENT

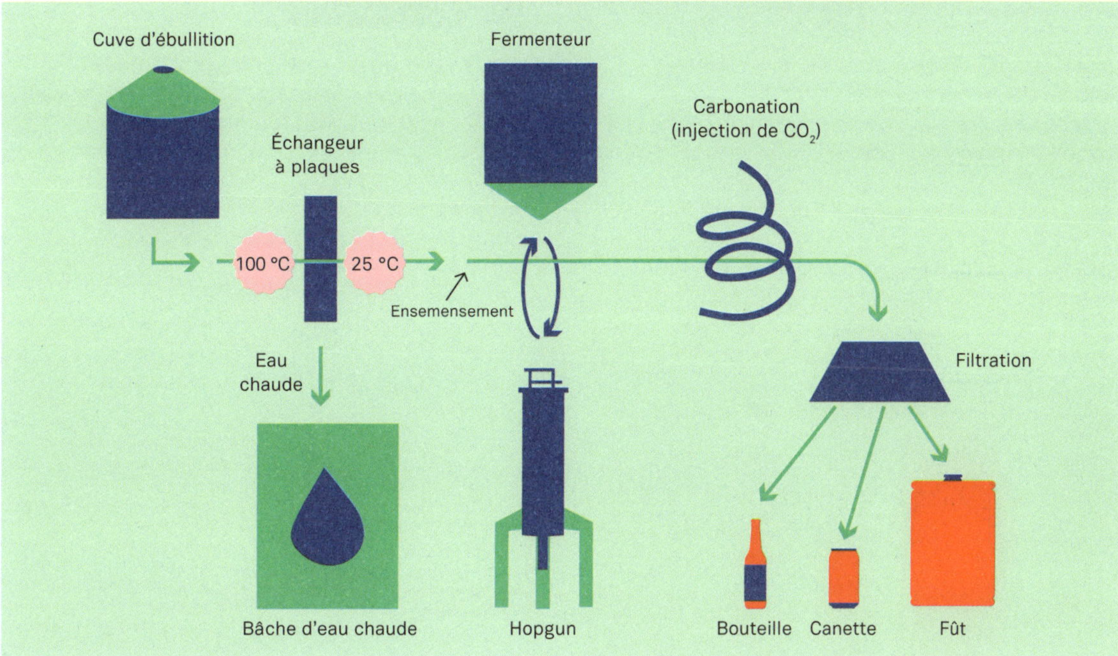

04 ÉBULLITION

Le moût est ensuite transféré dans la cuve d'ébullition. Sur les plus petites installations compactes, la cuve ayant servi à l'empâtage peut également servir de cuve d'ébullition. Le moût va subir une ébullition franche d'une heure environ. Les objectifs de cette étape sont multiples: stériliser le moût, ajouter les houblons qui apporteront l'amertume en début d'ébullition, ajouter les épices et les houblons aromatiques en fin d'ébullition. Une fois l'ébullition terminée, le moût contient encore de grosses particules (de houblon, malt ou épices) et l'on procède à ce que l'on appelle le whirlpool. On mélange le moût de façon circulaire à l'aide de pompes pour former un vortex, les particules se déposent au centre de la cuve et forment une sorte de boue appelée *trub*. On laisse reposer pendant environ 20 minutes le temps que le trub se forme.

05 ÉCHANGEUR À PLAQUES : REFROIDISSEMENT DU MOÛT

Une fois la phase de repos finie, on passe au refroidissement de la bière. Il doit être assez rapide, car la bière est à son stade le plus fragile. Il dure en général entre 45 minutes et une heure. L'idée est de passer de 100 °C à la température désirée selon la levure qui va être ensemencée : entre 18 °C et 25 °C pour les ales et entre 8 °C et 14 °C pour les lagers. On utilise de l'eau à température ambiante ou de l'eau glycolée froide qui passe dans l'échangeur à contre-courant de la bière.

06 BÂCHE D'EAU CHAUDE

On utilise une cuve pour récupérer l'eau de refroidissement qui s'est réchauffée au moment de l'échange avec la bière chaude pour les futurs brassins.

07 FERMENTEURS

Le moût refroidi en sortie d'échangeur rejoint directement un fermenteur où les levures sont ajoutées pendant le temps du refroidissement. Les fermenteurs sont conçus pour pouvoir réguler la température de la bière via une double enveloppe étanche dans laquelle on fait circuler de l'eau froide glycolée.
En effet, la fermentation dégage de la chaleur qui fait monter la température à l'intérieur du fermenteur. Pour une bonne fermentation, la température doit être maintenue.
La température est pilotée grâce à une sonde de température et des jeux de vannes qui font circuler l'eau glycolée, présente dans un réseau dédié, dans la double enveloppe au besoin.

La maîtrise de la température est un point crucial pour la phase de fermentation et de garde. Une fois la fermentation terminée, la bière doit être la plus claire possible. La clarification se fait dans un premier temps de manière naturelle grâce à la gravité. La température du fermenteur est abaissée autour de 0 °C, et les particules en suspension se déposent au fond du fermenteur. La forme cylindro-conique des fermenteurs permet de récupérer ces particules au fond du fermenteur en évitant trop de perte de bière.

Dégagement de CO_2 au plus fort d'une fermentation.

08 HOPGUN : DRY HOPPING

Pendant la phase de fermentation et de garde, on peut ajouter du houblon directement dans le fermenteur pour en extraire les arômes, mais pas l'amertume.
On peut également utiliser ce que l'on appelle un *hopgun* qui permet de faire circuler la bière – et donc infuser le houblon dedans – pendant quelques heures tout en gardant le matériel végétal dans le *hopgun*.

09 CARBONATATION (LES BULLES !)

Pour cette étape, on a deux possibilités :
- La refermentation en bouteille : on ajoute du sucre à la bière pour qu'une nouvelle fermentation apporte le CO_2 nécessaire à la pétillance de la bière. Les levures sont nécessaires à cette refermentation.
- On injecte directement du CO_2 alimentaire au taux désiré selon la carbonatation.

10 FILTRATION

Dans le cas d'un ajout de CO_2, on peut procéder à une étape de filtration pour enlever les levures et les différents résidus de houblons, malt ou autres ingrédients, ce qui permet de stabiliser la bière dans le temps. Cela peut se faire soit par filtration, soit par centrifugation. On injecte ensuite le CO_2.

11 CONDITIONNEMENT

La bière est maintenant prête pour le conditionnement. Plusieurs formats sont possibles :
- Les fûts de plusieurs tailles (20 L, 30 L, 50 L).
- Les bouteilles de différents formats (33 cl, 75 cl).
- Les canettes de différents formats (33 cl, 44 cl, 50 cl).

12 LE CIP (CLEANING IN PLACE) OU NEP (NETTOYAGE EN PLACE)

Cet équipement permet de programmer les nettoyages et les solutions de nettoyage avec un dosage automatique des produits. Il permet d'avoir des nettoyages réguliers, de faire des économies d'eau et de produits.

LE SUIVI QUALITÉ

Certaines mesures physico-chimiques (densité, pH, taux d'alcool…) sont nécessaires pour contrôler la qualité de la bière. Selon les moyens et la taille de la brasserie, elle est plus ou moins bien équipée (certaines ont jusqu'au matériel permettant de mesurer la couleur, l'IBU. Des équipements permettant de faire des analyses microbiologiques en interne peuvent également être présents.

AMERICAN
PALE ALE

COMMENT DÉGUSTER ET CARACTÉRISER UNE BIÈRE ?

La dégustation d'une bière est une expérience sensorielle qui va faire appel à tous vos sens et à vos souvenirs. La dégustation restera la vôtre et sera donc totalement subjective : conditionnée par votre histoire, votre expérience, le lieu où vous vous trouvez, les gens avec qui vous êtes, votre état de forme... La dégustation d'une bière légère au soleil en terrasse avec des potes n'aura pas le même effet que la même bière bue dans d'autres conditions.

METTEZ VOS 5 SENS EN ÉVEIL

L'OUÏE

Eh oui ! Le bruit d'un débouchage ou décapsulage, le « glouglou » de la bière versée pose déjà les bases d'un plaisir à venir. Bon, elle ne donne pas d'idée de ce que l'on va déguster. Quoiqu'entendre un soupir de plaisir à la première gorgée peut provoquer une première sensation.

LE TOUCHER

Le premier contact avec la bière se passe dans la main. Quand on prend en main une bouteille ou son verre on prend l'information de la température. Quand on porte le verre à la bouche, la forme et l'épaisseur peuvent être plus ou moins agréables. Ce qui se passe en bouche par la suite se rapproche du tactile par certains aspects.

LA VUE

Le premier rapport que l'on a avec la bière est visuel : l'étiquette de la bière dans un rayon, le service d'une bière à la pression dans un bar.

- Pour caractériser une bière, la **COULEUR** n'est pas le paramètre le plus important mais donne quelques indications. On peut comme pour le vin parler de robe. Difficile de croire que l'on n'aura pas d'arômes de café, de chocolat avec une bière noire. L'échelle des couleurs va des bières blondes très claires à des bières complètement noires en passant par le jaune paille, l'ambré, le cuivré.

- La **CLARTÉ** ou **OPACITÉ** : deux bières de même couleur à la base peuvent présenter un aspect très différent par leur limpidité ou non. Les bières peuvent être limpides, troubles, et même carrément opaques. Il y a également l'aspect mat ou brillant. Les bières de blé (bières blanches) auront un léger trouble dû à l'utilisation du blé riche en protéine, les NEIPA (New England IPA), dont le trouble plus ou moins fort est une caractéristique, sont faites avec de l'avoine et peuvent être opaques.

- La **MOUSSE** peut donner des indications sur l'utilisation de certaines matières premières aidant à la tenue de mousse, à son aspect plus ou moins dense et la régularité et la finesse des bulles. Sa couleur peut varier également et prendre une teinte parfois surprenante comme le rosé sur une bière aux fruits rouges ou beige sur certaines bières foncées.
  La mousse est la résultante de la présence de protéines dans la bière qui sont amenées à la surface par les bulles. Plus la bière est riche en protéines, plus la mousse est structurée, c'est le cas pour les bières fabriquées avec du blé. L'avoine apporte un côté soyeux.

Bière limpide et brillante style lager

Bière légèrement trouble style bière de blé

Bière très trouble / opaque style NEIPA

CHARTE COLORIMÉTRIQUE DE LA BIÈRE

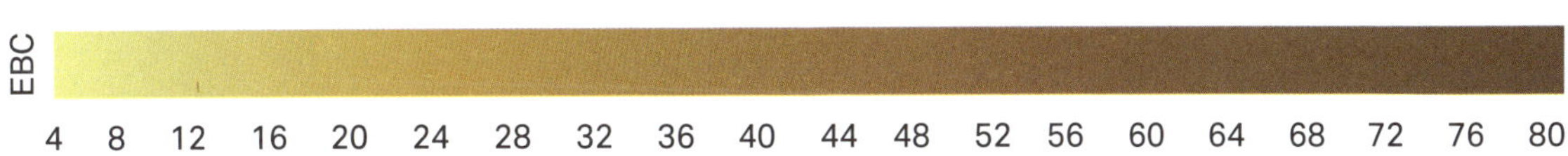

BEER
LEADER

LE GOÛT

Au même titre que le nez, le palais de chacun est différent et plus ou moins fin. Le principal organe du goût est la langue. Elle est dotée d'environ 10 000 papilles gustatives réparties sur toute la langue. Les différentes zones de la langue vont ressentir différentes sensations, l'acidité sera plutôt en début de bouche alors que l'amertume se ressentira plutôt au niveau de la gorge et sur le plat de la langue.
Mais la bouche et le nez ne peuvent être dissociés. La bière effervescente en se réchauffant va libérer des composés aromatiques très volatiles qui vont remonter par la gorge jusqu'aux fosses nasales et au bulbe olfactif.
Ainsi, la première phase est l'attaque où les saveurs les plus incisives se feront ressentir comme l'acidité le côté frais, puis viendront le sucré et l'amertume. Enfin, la longueur en bouche sera la sensation persistante, agréable ou non d'ailleurs, que l'on ressentira en fond de gorge.

L'ODORAT

Une fois la bière servie et bien observée. Il faut utiliser son nez. L'odorat n'est pas le sens le plus développé en général, mais avec l'expérience et de bonnes conditions, il peut s'affiner.
Nous ne sommes pas tous égaux non plus, à la fois sur notre « équipement » plus ou moins sensible et sur la mémoire olfactive que nous possédons. On associe souvent les souvenirs à des odeurs (l'odeur de la tarte au sucre de mamie un dimanche après-midi, par exemple) et chacun a ses propres souvenirs, joyeux ou non.
Première sensation olfactive : passez le verre sous votre nez de droite à gauche et essayez de percevoir les premiers arômes. Remuez ensuite légèrement le verre pour que les arômes ressortent et tentez d'en identifier plusieurs.

À SAVOIR

Quelques éléments sont importants pour l'expression et la perception des arômes.

- Un verre qui présente un col serré retiendra plus les arômes.
- La température joue aussi un rôle sur leur expression, la bière en se réchauffant peut aussi libérer des arômes différents. Les bières noires, ou même les bières triples, se dégustent plus chaudes (autour de 10-12 °C) que les bières légères style pils ou lager qui, elles, se consomment plus froides (température du réfrigérateur entre 4 et 6 °C).

LES SAVEURS ET ARÔMES DE LA BIÈRE

Il existe 5 saveurs fondamentales : le salé, le sucré, l'acidité, l'amertume. À ces quatre premières saveurs vient s'ajouter l'*umami* (depuis toujours au Japon, et plus récemment dans le monde).

Les différents arômes et flaveurs perçus dans la bière proviennent évidemment des matières premières et de leurs interactions.

Le processus peut aussi en apporter comme le vieillissement des bières en barrique de bois par exemple.

- **Pour le malt,** on retrouve les saveurs qui tournent autour de la céréale et du sucre : le pain frais ou toasté, le biscuit, la vergeoise, le caramel, le grillé-torréfié, le cacao, le café.

- **Pour le houblon**, on retrouve tout l'univers du végétal : le fruité (agrumes, fruits tropicaux, fruits jaunes), le floral, le résineux (sapin, cèdre, pin), les herbes, le boisé.

- **Les levures** peuvent également développer des esters très fruités ou des phénols épicés, des arômes de vanille. On peut aussi retrouver des saveurs *funky* liées à la fermentation (cuir, foin sec...).

L'UMAMI est un mot d'origine japonaise qui veut dire savoureux, soyeux. On le retrouve dans les champignons séchés ou les algues. Il n'est pas savoureux en soi mais associé à d'autres saveurs il en augmente l'intensité, apporte un équilibre et arrondit un plat, une bière, en provoquant salivation et en enrobant la bouche d'une impression de douce rondeur.

Au-delà des saveurs, on ressent aussi en bouche des sensations plus « tactiles ». On caractérisera la bière par :

- Le corps et la texture : on qualifie de bière sèche les bières qui ne présentent que peu de sucres résiduels. Trop sèche, on peut aller jusqu'à ressentir de l'âpreté. À l'inverse, une bière peut être ronde et même liquoreuse. Le corps de la bière peut aller d'aqueux à moelleux, voire lourd. L'alcool notamment apporte du corps.
- L'effervescence ou carbonatation : selon les styles (ou les défauts), la bière peut avoir une carbonatation élevée, c'est le cas des bières de style belge en général ou plus légères comme les bières traditionnelles anglaises.

La roue des saveurs ci-dessous expose les différents arômes et saveurs que l'on retrouve dans la bière.

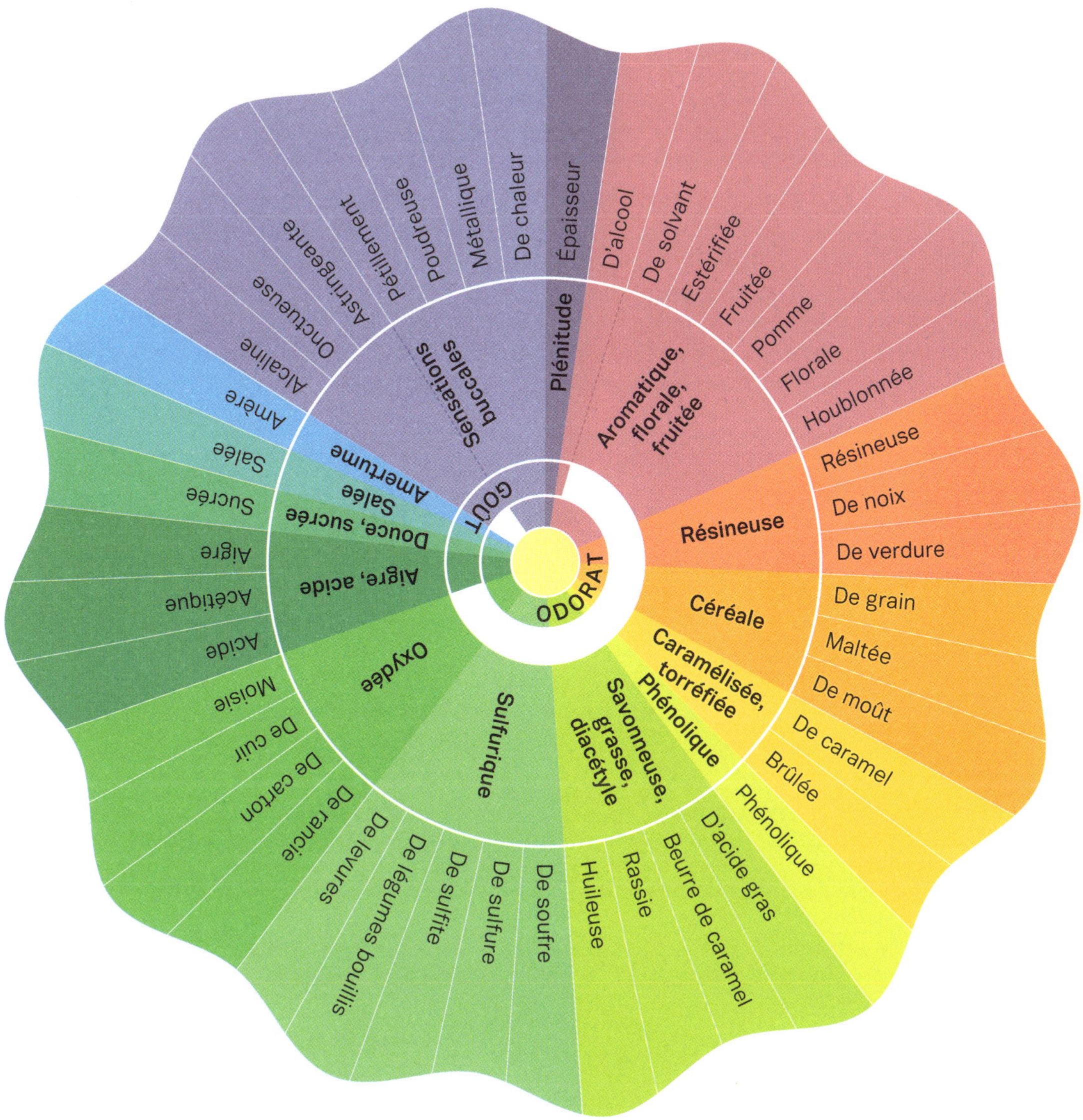

Si à la dégustation d'une bière vous ne retrouvez pas les mêmes flaveurs que vos voisins, pas d'affolement, nous sommes tous différents face à nos sens.
De plus, n'oubliez pas que la dégustation est un métier que l'on appelle d'ailleurs biérologue ou zythologue. Expertes et experts de la dégustation, mais aussi des accords mets et bières, les biérologues connaissent parfaitement la bière, son histoire, sa fabrication, ils/elles sont à même de mettre des mots sur la complexité d'une dégustation. Et finalement, on peut se contenter d'une approche hédoniste autour du plaisir de la bière dégustée. Savoir si l'on aime ce que l'on boit ou non, c'est déjà pas mal !

DÉFAUTS ET FAUX GOÛTS

La bière est un produit complexe en termes aromatiques. Le tout dans un équilibre sans cesse recherché par les brasseurs. Cependant, les défauts sont possibles et nombreux. Ils peuvent venir des matières premières et d'une mauvaise mise en œuvre, ou d'un manque d'attention sur quelques étapes importantes.

GOÛT DE LÉGUMES CUITS, DE MAÏS EN BOÎTE : LE DMS (DIMÉTHYLSULFURE)

Ce composé se forme sous l'effet de la chaleur transformant une molécule contenue dans le malt. L'ébullition assez longue et forte permet de s'en débarrasser et l'on évite de couvrir les cuves au moment de l'ébullition pour le laisser s'échapper. La présence en faible quantité n'est cependant pas un défaut dans certaines lagers.

PUTOIS, MOUFETTE, CHOU POURRI : GOÛT DE LUMIÈRE (MERCAPTAN)

Les ultraviolets décomposent certaines molécules du houblon donnant naissance à ces composés aromatiques soufrés. Pour éviter cette réaction qui peut se produire en quelques minutes, la bière est conditionnée dans des contenants qui la protègent de la lumière (fûts inox, canettes en métal, bouteilles brunes).

POMME VERTE : ACÉTALDÉHYDE

Ce goût peut venir de plusieurs phénomènes : l'oxydation de l'éthanol, mais plus souvent la fermentation. La période de maturation des bières permet normalement de s'assurer de son absence. Si les levures ont subi un stress ou sont en population trop faible, l'acétaldéhyde n'est pas dégradé.

PAPIER, CARTON MOUILLÉ : OXYDATION

L'air et en particulier l'oxygène (O_2) qu'il contient est un ennemi de la bière. En effet, l'oxygène va venir oxyder certaines molécules issues du malt donnant ce goût de papier mouillé. La température accélère de façon exponentielle le phénomène. Pour l'éviter, les brasseurs portent une attention particulière à éviter la présence d'oxygène, notamment lors des transferts et du conditionnement.

BANANE, BONBON ARLEQUIN : ISOAMYL ACÉTATE

Cette molécule est présente en faible quantité dans toutes les bières et parfois recherchée dans certains styles comme les bières de blé. Il s'agit d'un ester présentant ce caractère fruité. Les levures ayant subi un stress (population de levures trop faible, température…) surproduisent cet ester et sa haute concentration devient très désagréable.

CHEESY, VIEUX FROMAGE, CHAUSSETTES SALES : ACIDE ISOVALÉRIQUE

Ce composé vient de l'oxydation des acides alpha du houblon. Il vient plutôt d'une mauvaise conservation du houblon ou d'un houblon trop vieux. Cet arôme a tendance à s'estomper avec le temps. Pour l'éviter, la conservation du houblon doit être faite dans les bonnes conditions dans des sachets fermés et idéalement au frais.

BEURRE RANCE : DIACÉTYLE

Comme l'acétaldéhyde, le diacétyle est un composé que les levures réabsorbent pour leur survie en l'absence de sucre. Le diacétyle peut avoir un goût agréable en faible quantité et tout le monde n'y est pas sensible. Par contre, il devient écœurant en forte quantité. La maîtrise de la fermentation permet d'éviter sa présence.

MAUVAIS ALCOOL FORT : ALCOOLS DE FUSEL

À l'inverse, en cas de fermentation à trop haute température, les levures produisent un mélange d'alcools supérieurs et inférieurs. En bouche, c'est une sensation désagréable d'alcool chaud qui provoque des maux de tête.

VERNIS À ONGLES, DISSOLVANT : SOLVANT

Ce goût provient également d'esters fabriqués par les levures. La maîtrise de la température de fermentation et de la population des levures permet d'éviter leur production.

PÉPINS DE RAISIN, SACHET DE THÉ : TANINS

Les tanins provoquent de l'astringence. À ne pas confondre avec l'amertume. L'amertume est une saveur captée par les récepteurs sensoriels de la bouche. L'astringence est une réaction des muqueuses qui se rétractent en présence de tanins. Les tanins sont présents naturellement dans l'écorce du malt. Le concassage trop fin, la température de rinçage des drêches peuvent faciliter leur présence dans la bière.

MÉDICAMENT, FUMÉ, CLOU DE GIROFLE : PHÉNOLS

L'arôme de clou de girofle est présent dans certains styles belges et allemands. Il vient de composés phénoliques fabriqués par les levures. Le côté fumé vient des tanins (polyphénols) que contient le malt. Présent de façon volontaire dans les styles de bières fumées comme la Rauchbier. Par contre, d'autres phénols qui donnent ce goût de médicament proviennent du mauvais rinçage du chlore utilisé pour la désinfection. L'utilisation de filtre en amont du process permet de l'éviter.

ŒUF POURRI : H_2S SOUFRÉ

L'H_2S est un composé soufré produit par les levures. Il est assez volatil et est évacué avec le CO_2 produit par la fermentation. Il peut cependant en rester des traces qui donnent cette odeur d'œuf pourri. Certaines souches de levures en produisent plus.

GOÛT DE MÉTAL, DE SANG, DE ROUILLE

Ce goût provient non pas de la canette en métal, mais de l'oxydation des lipides bien souvent contenue dans le malt mal conservé. Évidemment, le contact avec du métal autre que l'inox comme l'aluminium ou le fer peut donner un goût métallique à la bière. Mais c'est l'inox qui est aujourd'hui utilisé pour la fabrication des différentes salles de brassage et fermenteurs.

CONTAMINATIONS

Elles peuvent être de différentes origines et peuvent être évitées par un niveau d'hygiène élevé et des processus de nettoyage et désinfection maîtrisés lors de la fabrication, mais aussi au niveau des tirages pression.

VINAIGRE : PAR LES BACTÉRIES ACÉTIQUES

Les bactéries acétiques, présentes en raison d'une infection par ces bactéries lors du processus de fabrication, fabriquent, par oxydation de l'éthanol, ce composé aigre qui rappelle le vinaigre. Ces bactéries sont résistantes au pH bas et à la présence de houblon ou d'alcool.

ACIDE LACTIQUE : PAR LES BACTÉRIES LACTIQUES

Quand l'acide lactique n'est pas désiré, c'est qu'il y a eu infection par ces mêmes bactéries lors du processus de fabrication de la bière. Le pH de la bière est anormalement bas. Un trouble non désiré peut apparaître et un goût acide rappelant des produits fermentés tels que la choucroute ou le yaourt se fait ressentir.

PONEY, CUIR, ÉCURIE : BRETTANOMYCES BRUXELLENSIS OU BRETT

Cette levure sauvage, ennemie des vignerons également, est très résistante à des conditions habituellement non favorables pour les levures : présence d'alcool, pH bas, présence ou non d'oxygène. Elle entre donc en concurrence directe avec les *saccharomyces cerevisiae*, car elle est capable de fermenter une large gamme de sucres. Récemment, certains brasseurs produisent des bières que l'on dit brettées. De façon maîtrisée, les bières brettées sont souvent vieillies en barriques et donnent un résultat intéressant.

LES STYLE
02
LES STYLE
LES STYLE
02
LES STYLE

S DE BIÈRE
S DE BIÈRE

02

S DE BIÈRE
S DE BIÈRE

COURANT TRADITIONNEL *VS* COURANT CRAFT

La révolution brassicole est en marche partout dans le monde. L'essor du brassage amateur et le développement des micro-brasseries contribuent à donner une nouvelle image de la bière qui aujourd'hui devient un produit de dégustation à part entière. À la suite de la révolution industrielle, le marché mondial se composait essentiellement des styles que se sont appropriés les industriels, à savoir des bières claires et faiblement alcoolisées de type lager ou pils. L'essor des brasseries artisanales tend lentement à changer la donne.

LES ÉTATS-UNIS : LÀ OÙ TOUT (RE)COMMENCE

Manifestiation contre la prohibition,
New York, 31 octobre 1931.

LE RÔLE DE LA PROHIBITION

Aux États-Unis, le début du XXe siècle marque un coup d'arrêt au développement brassicole. Elles sont pourtant plus de 4 000 brasseries en activité en 1900. Cependant, sous l'effet de mouvements politiques ou religieux radicaux et conservateurs, comme le Ku Klux Klan, l'alcool n'a plus bonne presse. Il est rendu responsable de la criminalité et d'autres problèmes de société (violences domestiques, pauvreté…) : on prêche la sobriété. À la fin du XIXe siècle, les *dry states* font leur apparition. Ces États, comme le Maine, interdisent la vente et la production d'alcool.
En 1919, le Congrès américain signe le XVIIIe amendement qui met en place la prohibition. La production, le transport, la vente, l'importation et l'exportation d'alcool sont interdits partout. Durant cette période, le nombre de brasseries est passé de 4 000 à seulement une quarantaine. Le trafic et la criminalité ont évidemment augmenté avec l'émergence d'organisations mafieuses dont la plus emblématique est celle d'Al Capone. Bars clandestins, contrebande d'alcool plutôt forts… Face à un tel échec, la prohibition s'achève en 1933, mais seules les bières légères sont autorisées. Pour le milieu brassicole, c'est un traumatisme.

Pendant près de 60 ans, le marché de la bière est restreint aux seules lagers industrielles considérées comme insipides et ne laissant plus de place à la diversité. Devant cette monotonie, le brassage amateur se développe, remettant le houblon en avant. Certains passionnés en font leur métier et les premières brasseries artisanales apparaissent. Le mouvement de la *craft beer* est lancé dans les années 1980 un peu partout aux États-Unis, mais la côte Ouest en est le vaisseau amiral avec l'apparition de brasseries comme Sierra Nevada ou Anchor à San Francisco considérée comme la première brasserie artisanale des États-Unis.
Aujourd'hui plus de 5 500 brasseries sont en activité aux États-Unis et représentent environ 20 % du marché.

L'ESPRIT CRAFT US

Au-delà de la définition de la brasserie craft imposant de ne pas dépasser un certain volume, d'être indépendante et de fabriquer la bière de façon traditionnelle, le mouvement craft est un état d'esprit. Pour le renouveau de la diversité, les brasseurs américains se sont inspirés des styles partout dans le monde et notamment en Europe pour les recréer à la sauce US. Le style IPA est iconique de cette renaissance. C'est un ancien style anglais qui avait été plus ou moins abandonné, remis au goût du jour avec de l'amertume et beaucoup de houblons, notamment une variété appelée Cascade. Place donc à l'expérimentation et l'exploration de toute la diversité des styles existants et à la création de nouveaux styles comme la NEIPA (New England IPA), véritable jus de houblons, trouble et moins amère que l'IPA ou la pastry stout, une vraie pâtisserie liquide.
La promotion de la bière se fait également différemment. On met en avant les styles, la créativité des brasseurs et brasseuses sur des créations toujours plus folles. Les brasseries réouvrent leurs portes et apparaissent les *taprooms*, littéralement « salles à becs ». Ce sont des lieux de vie parfois directement ouverts sur les cuves de brassage et fermentation. La brasserie sert ses propres bières à la pression ou à emporter.

EN FRANCE

En France aussi les bières industrielles sont omniprésentes. Les deux régions brassicoles historiques sont l'Alsace et bien sûr le Nord, influencé par la proximité de la Belgique.

LE DÉCLIN

La France brassicole a subi un déclin comparable à celui des États-Unis, mais pour d'autres raisons. Au début des années 1900, il existe en France près de 3 000 brasseries dont presque la moitié dans le Nord. Chaque village possède sa brasserie, la plupart sont artisanales.
Premier coup d'arrêt avec la Première Guerre mondiale, qui réduit le nombre de brasserie à moins de 1 000. La reconstruction se fait sur des bases industrielles et sur l'hégémonie des lagers. Seconde Guerre mondiale et deuxième coup d'arrêt : le nombre de brasseries s'effondre et en 1950 seulement une centaine est encore en activité. Les campagnes de prévention contre l'alcoolisme des années 1960 finissent le travail et en 1976 on ne compte plus que 23 brasseries. En parallèle, la consommation de bière baisse. Les industriels vont alors commencer un premier mouvement vers la diversité et créer de nouveaux produits plus ronds, moins amers que les lagers, inspirés des styles belges (bière d'abbaye, bière blanche…). Les industriels segmentent le marché par souci de simplification. On ne parle pas de style, les bières sont réduites à leur couleur.

Blanches, blondes, ambrées, brunes et noires.

LE RENOUVEAU BRASSICOLE FRANÇAIS

Il faudra attendre la fin des années 1980 pour voir le milieu renaître. La première brasserie artisanale française, la brasserie Coreff voit le jour en Bretagne à Morlaix. Entre 1985 et 1995, une quinzaine de brasseries sont créées quotidiennement. Contrairement aux États-Unis, la culture brassicole est encore vivace et les brasseries prônent l'aspect local et le terroir. Dans les régions historiquement brassicoles, on se consacre aux styles locaux, aux styles belges notamment, ainsi qu'à la bière de garde. Le terme « bière de spécialité » apparaît dans les années 1990.
Le mouvement amorcé par ces brasseurs locaux se poursuit sous l'influence du mouvement craft devenu mondial. Le nombre de brasseries est passé de 180 en 2002 à plus de 2 500 en 2024. Où que l'on soit en France, il est désormais facile de trouver un brasseur près de chez soi. Le discours des brasseurs adressés à leurs clients est de plus en plus expert : on n'hésite pas à parler de styles, à s'intéresser aux matières premières (houblon, céréales utilisées…), au travail des saveurs, des goûts… Les méthodes de travail sont également mises en avant et la communauté grandit chaque jour : les brasseries ouvrent leurs portes, proposent dégustations et initiations aux techniques brassicoles ; les biérologues, véritables experts de la bière, animent des rencontres autour de la bière, font des conférences.

DIFFÉRENTS STYLES DE BIÈRE

Aujourd'hui si quelqu'un dit qu'il n'aime pas la bière, c'est qu'il n'a pas trouvé le style à son goût.

La variété des styles de bière est très grande. Pour tenter de normaliser les styles et de s'y retrouver au niveau international a été créé en 1985 le BJCP (Beer Judge certification program). C'est un organisme de certification de juges dégustateurs de bières. En découle un guide des différents styles avec leurs spécifications qui sert notamment à évaluer les brasseurs et leurs bières dans le cadre de concours. Il est à noter que :

- *Le BJCP n'est pas le seul classement des styles et n'est pas une référence absolue.*
- *Il n'impose pas de règles strictes en dehors des concours. Le champ d'action des brasseurs dans la création de recettes reste donc très libre. Le BJCP reste une bonne base de cadrage pour l'élaboration d'une recette.*

L'idée ici n'est pas d'être exhaustif et de décrire tous les styles de bières. En effet, le BJCP, regroupe plus de 140 grandes catégories. Nous vous en présentons ici une grosse vingtaine, les plus pertinents selon nous.

LES CHIFFRES, COMMENT LES LIRE ?

DENSITÉ ORIGINALE :

Donne le taux de sucre dans le moût après brassage mais avant fermentation.

DENSITÉ FINALE :

Donne le taux de sucre final après fermentation.

TAUX D'ALCOOL :

En %

IBU :

Mesure l'amertume de la bière

EBC :

Échelle de couleur de la bière (voir page 51)

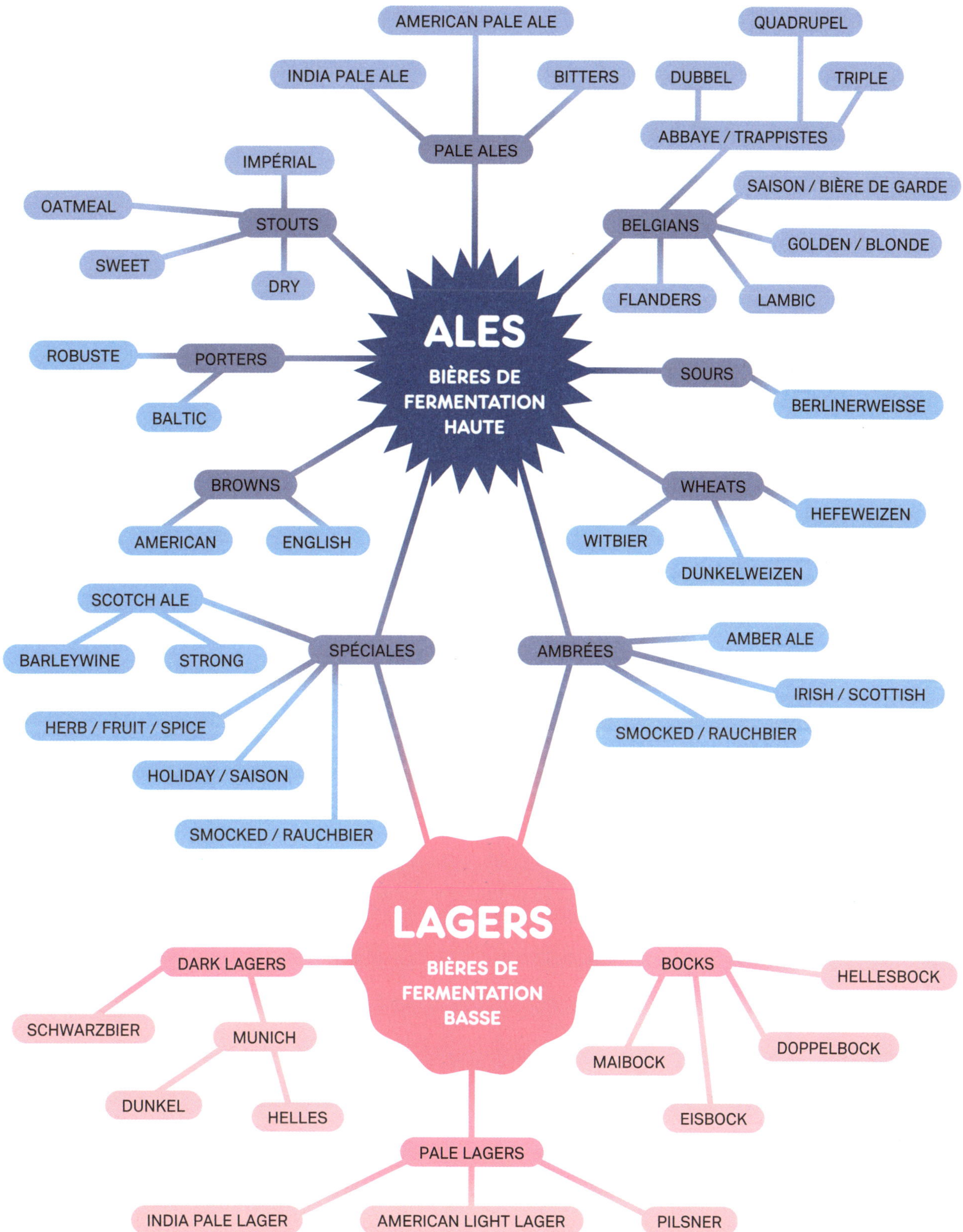
ALES
BIÈRES DE FERMENTATION HAUTE
PALE ALES
AMERICAN PALE ALE
INDIA PALE ALE
BITTERS
BELGIANS
ABBAYE / TRAPPISTES
QUADRUPEL
DUBBEL
TRIPLE
SAISON / BIÈRE DE GARDE
GOLDEN / BLONDE
FLANDERS
LAMBIC
STOUTS
IMPÉRIAL
OATMEAL
SWEET
DRY
PORTERS
ROBUSTE
BALTIC
SOURS
BERLINERWEISSE
BROWNS
AMERICAN
ENGLISH
WHEATS
HEFEWEIZEN
WITBIER
DUNKELWEIZEN
SPÉCIALES
SCOTCH ALE
BARLEYWINE
STRONG
HERB / FRUIT / SPICE
HOLIDAY / SAISON
SMOCKED / RAUCHBIER
AMBRÉES
AMBER ALE
IRISH / SCOTTISH
SMOCKED / RAUCHBIER
LAGERS
BIÈRES DE FERMENTATION BASSE
DARK LAGERS
SCHWARZBIER
MUNICH
DUNKEL
HELLES
BOCKS
HELLESBOCK
MAIBOCK
DOPPELBOCK
EISBOCK
PALE LAGERS
INDIA PALE LAGER
AMERICAN LIGHT LAGER
PILSNER

BIÈRE DE GARDE

ALES	FRANÇAISE

DESCRIPTION GÉNÉRALE

L'un des seuls styles français ? Issue du Nord de la France, à l'origine, c'est une ale fermière artisanale, brassée au tout début du printemps et destinée à être gardée dans des caves froides qui permet aux levures d'éliminer des composés aux goûts désagréables et d'affiner les arômes. Légalement, l'appellation bière de garde impose une maturation d'au minimum 21 jours. Les brasseries centenaires du Nord (Jenlain, 3 Monts, Castelain (Ch'ti)) perpétuent la tradition de ce style. C'est une famille de bière qui peut être blonde, ambrée ou brune, mais dans tous les cas avec une grosse prédominance du malt.

APPARENCE

Les trois versions étendent la palette de couleur de blond doré à brun en passant par la couleur caractéristique des bières ambrées. La mousse est présente et structurée, blanc à blanc cassé selon la couleur de la bière.

ARÔMES ET SAVEURS

Les saveurs de malt prédominent. Les flaveurs tireront donc vers le pain toasté, de biscuit, de caramel, de toffee selon les malts utilisés. Les versions plus foncées apporteront toute la richesse et la complexité du malt. Quant aux versions plus claires, elles laisseront un peu plus de place aux houblons.

SENSATION EN BOUCHE

La sensation finale ne doit pas être sucrée, mais sèche. Selon le taux d'alcool, on peut ressentir une légère sensation de chaleur, mais elle ne doit pas être trop présente.

QUELQUES RÉFÉRENCES COMMERCIALES

Ch'ti blonde, 3 Monts blonde, Jenlain ambrée, La Choulette.

LES CHIFFRES

DENSITÉ ORIGINALE :
1060 - 1080

DENSITÉ FINALE :
1008 - 1015

TAUX D'ALCOOL :
Entre 6 et 8,5 %

IBU
18 - 28

EBC
12 - 38

TRIPLE

ALES	BELGE ET FRANÇAISE

DESCRIPTION GÉNÉRALE

Non, l'appellation triple ne signifie pas triple fermentation ! Les moines des abbayes brassaient différents types de bières : une bière de table ou bière légère autour de 3° destinée à la consommation quotidienne ; une bière double, plus forte en alcool autour de 6°-7° destinée aux festivités ; une bière triple, encore plus forte et plus complexe autour de 9° réservée aux visiteurs importants et aux grandes occasions. Les moines repéraient les tonneaux en apposant 1 croix, 2 croix ou 3 croix d'où l'appellation Triple.
Elle est popularisée par l'abbaye de Westmalle qui la commercialise en 1934. C'est donc une bière forte en alcool, blonde, épicée, ronde, avec une belle amertume. Elle donne la part belle aux malts et aux arômes épicés et fruités. Cette complexité la rend plutôt facile à boire malgré le taux d'alcool élevé.

APPARENCE

De jaune à ambré assez clair. Plutôt limpide et très pétillante. La mousse est blanche et a une bonne tenue. Elle laisse une trace sur le verre et dans la moustache.

ARÔMES ET SAVEURS

La triple est complexe, mais harmonieuse. Généreusement épicée, poivrée et parfois avec des phénols aux notes de clou de girofle. Les esters rappellent souvent des agrumes, mais peuvent parfois avoir un léger caractère de bananes mûres. L'alcool est doux, épicé et faible en intensité. La bière ne doit pas être sucrée.

SENSATION EN BOUCHE

Le corps est moyen, la carbonatation élevée sans goût d'alcool.

QUELQUES RÉFÉRENCES COMMERCIALES

Westmalle Triple, Chimay Triple, Triple secret des moines (Goudale), Saint-Feuillien Triple.

LES CHIFFRES

DENSITÉ ORIGINALE :
1075 - 1085

DENSITÉ FINALE :
1008 - 1014

TAUX D'ALCOOL :
Entre 7,5 et 9,5 %

IBU :
20 - 40

EBC :
8 - 14

BRASSERIE VIVAT

RENCONTRE AVEC JEAN-LUC BUTEZ

La brasserie se situe dans le Cambrésis dans la commune du Cateau-Cambrésis connue pour le fameux musée Matisse.

Installée dans une ancienne abbaye, la brasserie a été vendue après la Révolution française à la famille Lefebvre-Scalabrino et pendant près de 200 ans la production ne s'est pas arrêtée. Détruite en 1918, elle fut reconstruite en s'inspirant de la culture flamande.

La conception à la verticale de la brasserie est typique : bénéficiant de la gravité tout au long du processus de brassage, la bière se retrouve finie dans les caves, le malt étant stocké au dernier étage. Historiquement, le site abritait aussi une malterie qui se trouvait tout en haut du bâtiment.

La production s'arrête en 1926 durant 75 ans en raison d'une crise brassicole.
C'est en 2000 que Jean-Luc et un associé rachètent les lieux en ruine et réussissent à obtenir son classement aux monuments historiques.

Après 4 années de travaux de restauration, la première Vivat sort de cuve en 2004.

Le lieu réunit aujourd'hui sous le même toit la brasserie, un restaurant, des ateliers de brassage et des salles de séminaire. Y sont bien sûr organisées des visites : le lieu, chargé d'histoire, regorge de vieilles machines et d'objets parfois ancrés dans les murs — de la vieille chaudière aux différentes machines à vapeurs, en passant par le forage qui permettait de puiser l'eau pour le brassage.

La Vivat triple est une triple traditionnelle : dorée avec une belle mousse blanche franche. Avec du corps et une complexité aux notes boisées et d'agrumes.

Pour l'anecdote, le vivat flamand est une tradition lors de laquelle, une serviette tendue au-dessus d'eux, les jeunes mariés reçoivent quelques gouttes de bière, les liant pour l'éternité.

BIÈRE D'HIVER

ALES	BELGE ET FRANÇAISE

DESCRIPTION GÉNÉRALE

À l'automne, les brasseurs gèrent les stocks de matières premières de malt et de houblon pour préparer la prochaine saison. Plutôt que de se débarrasser de ces matières premières difficiles à conserver dans le temps, on brasse. Cela donne un des styles les plus variables en fonction des années et des brasseries. La sortie de ces bières correspondait aux célébrations autour du solstice d'hiver. On connaît aujourd'hui les bières de Noël qui entrent dans cette catégorie.

APPARENCE

La bière étant brassée historiquement avec les restes de malt, sa couleur est souvent foncée, d'ambrée à noire. La carbonatation est plutôt faible.

ARÔMES ET SAVEURS

Très variable selon le type d'épices utilisé. Classiquement, on retrouve les épices typiques des périodes de Noël comme la cannelle, le clou de girofle, le gingembre, le pain d'épices et les agrumes, surtout l'orange.

SENSATION EN BOUCHE

En général, bière forte en alcool, qui réchauffe lors des froides soirées d'hiver. Elle se veut souvent gourmande, avec une belle rondeur épicée.

QUELQUES RÉFÉRENCES COMMERCIALES

Bières éphémères dans les brasseries artisanales, il faudra attendre la saison !

LES CHIFFRES

Difficile de donner des chiffres sur ce style, car la palette possible est très large.

DENSITÉ ORIGINALE :
Fourchette assez variable, mais plutôt élevée.

DENSITÉ FINALE :
La densité finale est assez élevée laissant cette impression de sucrosité.

TAUX D'ALCOOL :
Souvent élevé.

COULEUR :
Souvent brunes, voire noires.

IBU :
L'amertume ressentie est assez faible en général au vu du taux d'alcool et de la rondeur.

SAISON

ALES	BELGE

DESCRIPTION GÉNÉRALE

L'histoire de ce style est étroitement liée aux exploitations agricoles de Belgique et plus particulièrement du Hainaut belge. La bière était brassée en hiver et conservée jusqu'au printemps et l'été. Elle était destinée aux travailleurs saisonniers des exploitations agricoles. Historiquement, la bière est donc plutôt légère, mais des versions plus fortes en alcool sont apparues au fil des ans. La Saison Dupont est le produit de référence au niveau mondial. Aux États-Unis, les brasseurs, fans du style, l'ont réinventé dans un style de bière rustique appelé *Farmhouse* un peu plus large que le style saison.

APPARENCE

De blonde à ambrée. La mousse est caractéristique des bières claires belges : blanche à ivoire, abondante. La carbonatation est forte. Elle est en général refermentée en bouteille, elle peut être légèrement voilée.

ARÔMES ET SAVEURS

Style très typique et reconnaissable, la saison doit son caractère fruité et épicé à la levure utilisée. L'amertume est présente tout comme l'acidité mais de façon très modérée. L'utilisation d'autres céréales comme le seigle peut renforcer le côté épicé.

SENSATION EN BOUCHE

La fraîcheur caractérise ce style. La bière est sèche, le corps est léger et une sensation d'alcool peut exister. L'effervescence est forte, ce qui amplifie le côté rafraîchissant.

QUELQUES RÉFÉRENCES COMMERCIALES

Saison Dupont, Anosteké saison.

LES CHIFFRES

DENSITÉ ORIGINALE :
1048 - 1065

DENSITÉ FINALE :
1002 - 1008

TAUX D'ALCOOL :
Entre 3,5 et 7 %

IBU :
20 - 35

EBC :
10 - 30

BRASSERIE DUPONT

RENCONTRE AVEC OLIVIER DEDEYCKER

La brasserie Dupont est installée sur une ferme datant de 1759. La première brasserie fut installée en 1844, c'est ainsi que naît la ferme-brasserie Rimaux-Deridder qui brasse déjà de la bière saison destinée aux ouvriers agricoles. Elle a également une activité de maltage jusqu'en 1988.

C'est en 1920 qu'Alfred Dupont achète la brasserie à son fils Louis Dupont qui crée la fameuse saison Dupont. Olivier Dedeycker qui gère aujourd'hui la brasserie est le petit-fils du neveux de Louis Dupont. La brasserie commercialise aujourd'hui la Moinette, la Bons vœux, mais surtout la Saison Dupont dont le succès a repris autour de 1995 pour devenir la bière phare de la brasserie et dont 70 % de la production est exportée.

Aujourd'hui, Olivier, ses frères, cousins et cousines forment la quatrième génération de brasseurs à la tête de la brasserie.

La brasserie est considérée comme pionnière en Belgique sur la bière bio en lançant la Moinette biologique et la Saison Dupont biologique au début des années 1990.

DES MÉTHODES D'HIER POUR DES BIÈRES D'AUJOURD'HUI ?

Pour éviter toute dérive dans le goût de ses bières, la brasserie s'efforce de conserver le savoir historique de la famille :

- La brasserie possède son propre forage pour l'eau utilisée pour le brassage, faisant de ses bières de véritables produits de terroir.
- En 1950, la brasserie développe sa propre levure. Cette levure est encore cultivée de brassin en brassin et donne sa spécificité aux produits de la brasserie.
- La brasserie conserve un système de chauffe et des cuves de brassage en cuivre historiques.
- Les fermenteurs sont des fermenteurs horizontaux à fond plat comme au démarrage de l'activité. Aujourd'hui, la plupart sont des fermenteurs verticaux à fond cylindro-coniques, ce qui pousse la brasserie à faire fabriquer des fermenteurs sur mesure pour conserver au maximum les paramètres de fermentation.
- La Saison Dupont est une bière refermentée en bouteille. Cette refermentation s'effectue à l'horizontale.
- Pour protéger la bière du « goût de lumière », la plupart des brasseries utilisent aujourd'hui du verre brun. La famille continue d'utiliser une bouteille en verre vert, historiquement utilisée.

Tous ces choix contribuent à respecter au maximum le goût originel de la Saison Dupont et des autres bières. C'est une somme de détails impactant parfois la brasserie en termes de praticité, de coût...

EN CHANGEANT

DÉTAIL

PUIS UN

PEUT

SE

AVEC UNE

PRODUIT TRÈS

UN

UIS UN AUTRE

UTRE, ON

RETROUVER

ERSION

DU

IFFÉRENTE.

OLIVIER
DEDEYCKER

WITBIER (BIÈRE BLANCHE BELGE)

ALES	BELGE

DESCRIPTION GÉNÉRALE

Style médiéval de la région de Louvain en Belgique. Il a été réinventé par Pierre Celis, qui créa sa brasserie dans les années 1960 à Hoegaarden. C'est une bière rafraîchissante brassée avec du blé (parfois non malté), de la coriandre fraîchement moulue et des écorces d'oranges douces et amères.

APPARENCE

De couleur paille très claire à jaune profond. Le blé, particulièrement riche en protéines, apporte un aspect voilé. La mousse blanche et dense a une bonne tenue.

ARÔMES ET SAVEURS

Très peu amère, elle laisse place aux notes maltées. Le caractère fruité d'agrumes est léger tout comme la présence de coriandre assez subtile. Bière fine et équilibrée faisant la part belle au malt. La note finale est plutôt sèche ce qui, associé à l'amertume faible, lui donne un caractère très rafraîchissant.

SENSATION EN BOUCHE

Typique des bières de blé qui apportent une légère acidité et des notes d'agrumes. Bière douce au corps moyen avec peu d'alcool. Le côté frais est soutenu par une forte carbonatation.

QUELQUES RÉFÉRENCES COMMERCIALES

Hoegaarden, Blanche de Bruges, Blanche de Namur, bière Blanche de Wissant.

LES CHIFFRES

DENSITÉ ORIGINALE :
1044 - 1052

DENSITÉ FINALE :
1008 - 1012

TAUX D'ALCOOL :
Entre 4,5 et 5,5 %

IBU :
8 - 20

EBC :
4 - 8

BLONDE BELGE FORTE

ALES	BELGE ET FRANÇAISE

DESCRIPTION GÉNÉRALE

Ce style a été créé par la brasserie Moortgat (Duvel) pour contrer l'hégémonie des pils. C'est une bière de fermentation haute. Souvent confondue avec la triple, elle est plus claire, moins ronde et plus vive. Elle est fruitée et houblonnée plus qu'épicée. Très atténuée avec une finale sèche. Forte carbonatation avec une forte pétillance. Mousse très structurée blanche.

APPARENCE

La couleur peut aller de paille à or. Bonne limpidité. Effervescente. La mousse est persistante, dense, de couleur blanche à ivoire.

ARÔMES ET SAVEURS

Un bouquet complexe d'esters fruités, de houblon herbacé et d'alcool poivré sur une base de malt presque neutre. Les esters sont modérés à élevés, rappelant souvent des fruits à pépins, particulièrement la poire. Le houblon est herbacé, floral ou épicé, d'intensité faible à modérée. L'alcool et les phénols sont faibles à modérés et ont souvent un caractère poivré ou parfumé. Malt presque neutre, éventuellement aux arômes de céréales sucrées.

SENSATION EN BOUCHE

Bière sèche très pétillante. Le corps est léger à moyen. La forte carbonatation accentue la légèreté ressentie. Le goût d'alcool est léger et doux et doit le rester.

QUELQUES RÉFÉRENCES COMMERCIALES

Duvel, Delirium Tremens.

LES CHIFFRES

DENSITÉ ORIGINALE :
1070 - 1095

DENSITÉ FINALE :
1005 - 1016

TAUX D'ALCOOL :
Entre 7 et 10,5 %

IBU :
22 - 35

EBC :
6 - 12

BRASSERIE BARON

RENCONTRE AVEC XAVIER BAILLEUX

L'histoire démarre du côté de Dour en Belgique dans la brasserie Cavenaile disparue aujourd'hui, dans laquelle les générations Bailleux se succèdent depuis le XIXe siècle. Roger Bailleux, grand-père de Xavier rejoint la brasserie Cavenaile qui subit la métamorphose industrielle de l'univers brassicole, il voit la brasserie fermer et intégrer un groupe industriel dans lequel il fera le reste de sa carrière.

Fraîchement retraité, Roger Bailleux vient s'installer à Gussignies dans l'Avesnois à la frontière entre la France et la Belgique. En 1973, son fils Alain rachète le dernier bistrot du village juste en face de la maison familiale, seule une rivière sépare la maison du café au Baron.

Le café est transformé en restaurant et c'est comme ça que commence l'aventure.
Les grillades sont faites au feu de bois dans une cuve de brassage modifiée et récupérée par Roger Bailleux chez Kanterbräu à la fin de sa carrière.

Ce n'est que 15 ans plus tard, en 1989, qu'Alain et Roger Bailleux créent la brasserie Au Baron. L'idée est de recréer des bières artisanales ressemblant aux bières brassées par Roger au démarrage de sa vie de brasseur.
Roger sélectionne une souche de levure et la première bière de la brasserie fait son apparition : la Saint-Médard.

Aujourd'hui, Xavier poursuit la tradition familiale en prenant les rênes de la brasserie Au Baron.

Le cadre de la brasserie et du restaurant est bucolique et pittoresque. La brasserie se situe en contrebas d'une carrière de marbre, le long de la rivière. La terrasse du restaurant donne d'ailleurs directement sur le cours d'eau.
Au printemps, les sous-bois surplombants sont couverts de jonquilles. Elles ont donné son nom à la Cuvée des Jonquilles créée en 1990.

LA CUVÉE DES JONQUILLES

Cette bière est une bière rustique fabriquée avec de la levure maison. Complexe et simple, elle se rapproche d'une saison, mais est plus forte en alcool (7°). C'est une blonde d'un jaune paille trouble avec une mousse blanche. Bière très rafraîchissante trouvant un bel équilibre entre malts et houblons des Flandres avec une finale légèrement astringente comme le raisin vert. Elle est refermentée en bouteille dans les caves de la brasserie.

WEIẞBIER (WEIZENBIER)

ALES | ALLEMANDE

DESCRIPTION GÉNÉRALE

Cousine allemande de la witbier belge. C'est une bière de blé (ou froment) pour au moins la moitié du grain utilisé. La confusion entre les mots allemands *Weiss (Weiß)* qui veut dire blanc et *Weizen* qui veut dire blé, est peut-être à l'origine de l'appellation bière blanche. Le style est très populaire en Allemagne où il existe une grande tradition des bières de blé.

APPARENCE

La robe est blonde à paille or. Comme sa cousine belge, elle est naturellement trouble (Hefeweizen) bien que la version Cristal (kristalweizen), filtrée, lui donne une limpidité et clarté absolue. La mousse est abondante et épaisse.

ARÔMES ET SAVEURS

L'équilibre de ce style se fait autour des arômes de banane et clou de girofle apportés par les levures et très caractéristiques. Les arômes de pain frais issus du malt sont légers. Côté houblon, la saveur florale apportée par les houblons typiques allemands est très légère pour une très faible amertume donnant son côté doux à cette bière sèche.

SENSATION EN BOUCHE

Du moelleux et crémeux, mais jamais lourd. La carbonatation élevée soutient cette fraîcheur.

QUELQUES RÉFÉRENCES COMMERCIALES

Weihenstephaner Hefeweißbier, Paulaner Weissbier.

LES CHIFFRES

DENSITÉ ORIGINALE :
1044 - 1053

DENSITÉ FINALE :
1008 - 1014

TAUX D'ALCOOL :
Entre 4,3 et 5,6 %

IBU :
8 - 15

EBC :
4 - 12

DUNKELWEIZEN

ALES	ALLEMANDE

DESCRIPTION GÉNÉRALE

Une bière blanche, noire… ou presque. En effet, c'est à nouveau une bière de blé. L'utilisation de malts torréfiés plus foncés lui donne une couleur très foncée tirant sur le noir. Elle fait partie des bières de blé traditionnelles allemandes, mais les bières de blé blondes ont pris le pas sur ce style.

APPARENCE

De cuivré clair à brun acajou. Elle est plutôt trouble comme les autres bières de blé. La mousse tire sur un blanc, cassé à plus foncé, et a une bonne tenue.

ARÔMES ET SAVEURS

Cette bière est un équilibre des esters typiques des bières de blé allemande tirant sur clou de girofle et banane d'une part, et des arômes de pain grillé et de caramel issu des malts plus foncés. Il est possible d'apporter un peu de malt torréfié offrant une touche de torréfaction sèche mais pas astringente. Elle garde les caractéristiques de douceur d'une bière de blé très peu amère.

SENSATION EN BOUCHE

Le corps est assez léger. La sensation en bouche est moelleuse et crémeuse. Forte effervescence due à une forte carbonatation.

QUELQUES RÉFÉRENCES COMMERCIALES

Franziskaner Hefe-Weissbier Dunkel, Weihenstephaner Hefeweißbier Dunkel, Paulaner Dunkel Weissbier.

LES CHIFFRES

DENSITÉ ORIGINALE :
1044 - 1057

DENSITÉ FINALE :
1008 - 1014

TAUX D'ALCOOL :
Entre 4,3 et 5,6 %

IBU :
10 - 18

EBC :
28 - 46

KÖLSCH

ALES	ALLEMANDE

DESCRIPTION GÉNÉRALE

La région de Cologne est une région brassicole historique. Ce style y a été inventé pour contrer l'essor des lagers à la fin du XVIIIe siècle. La fermentation basse était interdite à Cologne.
C'est une bière de fermentation haute, mais entre 15 °C et 20 °C.
Ce style bénéficie d'une appellation contrôlée par la Kölsch Konvention, association de brasseurs de Cologne.
C'est une bière qui se consomme fraîchement brassée, car assez fine et légère en alcool, elle vieillit assez mal.

APPARENCE

Jaune moyen à or clair. La bière est limpide et la mousse peut ne pas persister.

ARÔMES ET SAVEURS

Bière fine aux arômes légers de malt qui prédominent. L'amertume est faible. Elle peut également présenter un côté légèrement fruité. La finale est plutôt douce et sèche.

SENSATION EN BOUCHE

Le corps est moyen à léger. Équilibre subtil aux arômes peu puissants de malt et de houblon avec une légère touche fruitée.

QUELQUES RÉFÉRENCES COMMERCIALES

Théoriquement, au vu de l'appellation, seules les brasseries de Cologne sont censées brasser ce style de bière : *Früh Kölsch*, *Gaffel Kölsch*, *Mühlen Kölsch*.

LES CHIFFRES

DENSITÉ ORIGINALE :
1044 - 1050

DENSITÉ FINALE :
1007 - 1011

TAUX D'ALCOOL :
Entre 4,4 et 5,2 %

IBU :
18 - 30

EBC :
7 - 10

ALTBIER

ALES	ALLEMANDE

DESCRIPTION GÉNÉRALE

Développée à la fin du XIXe siècle à Düsseldorf en utilisant des techniques de fermentation basse pour concurrencer la lager. C'est une bière de fermentation haute (18 °C) mais avec une garde à froid longue comme les lagers. Elle est plus amère et maltée que les lagers traditionnelles.

APPARENCE

La couleur va de l'ambre au cuivre profond, s'arrêtant avant le brun ; le bronze orangé est la couleur la plus commune. Limpidité éclatante. Mousse blanc cassé épaisse, crémeuse et persistante.

ARÔMES ET SAVEURS

Très malté et riche avec les arômes caractéristiques de céréales autour du pain cuit, des croûtes de pain. L'amertume est forte et équilibre la richesse apportée par le malt. La finale est sèche, riche en malt et amère. Le profil de fermentation est neutre mais peut apporter un peu de fruité type fruits noirs.

SENSATION EN BOUCHE

Le corps est moyen et la carbonatation moyenne à élevée.

QUELQUES RÉFÉRENCES COMMERCIALES

Bolten Alt, Diebels Alt, Füchschen Alt, Original Schlüssel Alt.

LES CHIFFRES

DENSITÉ ORIGINALE :
1044 - 1052

DENSITÉ FINALE :
1008 - 1014

TAUX D'ALCOOL :
Entre 4,3 et 5,5 %

IBU :
25 - 50

EBC :
18 - 34

LA FAMILLE DES BITTERS

ALES	ANGLAISE

DESCRIPTION GÉNÉRALE

Historiquement, les bières anglaises, pale ales (real ale ou cask ale) destinées à être servies à la pression vers la fin du XIXe siècle étaient plutôt brunes, c'est l'ajout de malt crystal qui leur a donné une couleur un peu plus foncée. Elles sont servies de façon traditionnelle au Royaume-Uni, avec peu de pression et à température de cave. Elle regroupe trois types de bière : ordinary bitter, best bitter et strong bitter.

APPARENCE

Ordinary : de blond ambré à légèrement cuivré, limpide à très légèrement trouble ; peu de mousse.
Best : d'ambré pâle à moyennement cuivré, idem pour la mousse.
Strong : de légèrement ambré à cuivre froncé.

ARÔMES ET SAVEURS

Ordinary : faible en densité et en alcool. Les arômes de malt sont assez modérés, mais complexes allant du pain frais jusqu'au pain légèrement toasté.
La bière peut être légèrement fruitée, avec une amertume assez prononcée.
Best : un peu plus forte en alcool. Intensité du malt plus soutenue avec des saveurs légères de caramel ou toffee.
Strong : même palette aromatique que dans la best bitter, un taux d'alcool plus élevé.

SENSATION EN BOUCHE

Ordinary : le corps est léger avec une faible carbonatation.
Best : le corps est moyen avec une faible carbonatation.
Strong : plus de corps. Une légère chaleur d'alcool peut être perçue.

QUELQUES RÉFÉRENCES COMMERCIALES

De Ranke XX-bitter, Fuller's Chiswick Bitter.

LES CHIFFRES

	ORDINARY	BEST	STRONG
DENSITÉ ORIGINALE :	*1030 - 1039*	*1040 - 1048*	*1048 - 1060*
DENSITÉ FINALE :	*1007 - 1011*	*1008 - 1012*	*1010 - 1016*
TAUX D'ALCOOL :	*3,2 % - 3,8 %*	*3,8 % - 4,6 %*	*4,6 %*
IBU :	*25 - 35*	*25 - 40*	*30 - 50*
EBC :	*15 - 28*	*15 - 32*	*15 – 35*

PORTER

ALES	ANGLAISE

DESCRIPTION GÉNÉRALE

Originaire de Londres dans les années 1700. Son nom dérive de la popularité de ce style au sein des classes ouvrières londoniennes effectuant des tâches de transports de charge (*porter* veut dire porteur). Plus fortement houblonnée que la bière brune populaire, elle a subi diverses évolutions suivant les innovations comme l'invention du malt noir au début des années 1800 et les améliorations technologiques. Il est le précurseur des différents stouts.

APPARENCE

Brun à brun foncé avec bien souvent des reflets rubis. La mousse est blanc cassé à beige. La persistance de la mousse va de moyenne à bonne.

ARÔMES ET SAVEURS

L'utilisation de malts assez foncés lui confère un caractère torréfié certain mais léger allant vers le pain grillé, le caramel, le chocolat. L'amertume va de faible à modérée et les arômes de houblon typiques des houblons anglais (terreux et floraux) peuvent s'exprimer. Mais l'ensemble est plutôt orienté malt.

SENSATION EN BOUCHE

Le corps est léger à moyen et la carbonatation modérée, voire faible.

QUELQUES RÉFÉRENCES COMMERCIALES

Bateman's Salem Porter, Burton Porter by Burton Bridge, Fuller's London Porter.

UNE VARIANTE : LA BALTIC PORTER

Au début des années 1800, les pays autour de la mer Baltique sont privés des stouts et porters anglais.
Pour combler ce vide, de nombreuses variantes voient le jour. Elles ont été regroupées dans ce style. C'est un style de fermentation basse contrairement aux porters d'origine. Plus fort en alcool (entre 7 % et 9 % vol.). Les saveurs plus grillées prédominent et peuvent tirer sur le café et la réglisse.

LES CHIFFRES

DENSITÉ ORIGINALE :
1040 - 1052

DENSITÉ FINALE :
1008 - 1014

TAUX D'ALCOOL :
Entre 4 et 5,4 %

IBU :
18 - 35

EBC :
40 - 60

IRISH STOUT

ALES	IRLANDAISE

DESCRIPTION GÉNÉRALE

Issu des porters et stouts anglais, le stout irlandais est une bière plus ronde et crémeuse avec plus de corps et une saveur prononcée de grillé, voire brûlée similaire au café. Ce style de bière est fait à la base pour un tirage pression à l'azote rendant sa mousse très crémeuse, ce qui fait que la sensation est très différente entre un irish stout à la pression et le même stout en bouteille ou canette.

APPARENCE

De couleur brun très foncé à noir de jais. Elle est opaque avec une mousse brun clair à brun, crémeuse, épaisse et à la bonne tenue.

ARÔMES ET SAVEURS

L'amertume peut être de moyenne à élevée. Les arômes et saveurs de café prédominent, mais pas de façon intense, si bien que parfois la bière tient son équilibre d'une certaine douceur amère rappelant le caractère d'un chocolat amer. La finale est plutôt sèche.

SENSATION EN BOUCHE

Le tirage pression à l'azote modifie réellement la perception d'onctuosité. Le corps est moyen. La carbonatation est modérée. Malgré son amertume et l'utilisation de grains torréfiés, elle est plutôt douce. Une légère astringence peut apparaître.

QUELQUES RÉFÉRENCES COMMERCIALES

Murphy's Irish Stout, O'Hara's Irish Stout, Guinness reste la bière emblématique du style.

VARIANTES

Ce style inspirant et créatif connaît un nouvel engouement dans les brasseries artisanales. Des versions américaines plus houblonnées, le pastry stout ou l'utilisation d'avoine sont des exemples d'évolution de ce style.

LES CHIFFRES

DENSITÉ ORIGINALE :
1036 - 1044

DENSITÉ FINALE :
1007 - 1011

TAUX D'ALCOOL :
Entre 3,8 et 5 %

IBU :
25 - 45

EBC :
50 - 80

AMERICAN PALE ALE

ALES	AMÉRICAINE

DESCRIPTION GÉNÉRALE

C'est l'adaptation de la pale ale anglaise. Fabriquée avec des ingrédients locaux, surtout les houblons. La brasserie Sierra Nevada sort sa pale ale en 1980 et devient avec ce produit une des brasseries emblématiques du renouveau des brasseries artisanales.

APPARENCE

Doré clair à ambré. La couleur de la mousse va du blanc au blanc cassé, elle est modérément importante avec une tenue plutôt bonne. Limpide, mais peut être légèrement voilée.

ARÔMES ET SAVEURS

Les arômes de houblon prédominent et vont de moyen à fort. Les houblons américains et du Nouveau Monde (Australie, Nouvelle-Zélande...) utilisés présentent une palette aromatique assez large : arômes floraux, résineux, épicés, d'agrumes, de fruits tropicaux, de fruits à noyau. Ils proviennent d'ajouts tardifs de houblon, le *dry hopping* n'est pas obligatoire pour ce style. L'amertume va de moyenne à forte. La fermentation est plutôt neutre en goût. Quant aux malts, ils peuvent soutenir les arômes de houblon, mais pas les dépasser. Des petites quantités de malts spéciaux peuvent être ajoutées pour apporter des arômes très légers de pain toasté, de caramel. La finale est sèche avec l'amertume et les arômes de houblons.

SENSATION EN BOUCHE

Le corps est moyen, la carbonatation peut être moyenne à élevée. La fin de bouche doit être douce sans âpreté ni astringence.

QUELQUES RÉFÉRENCES COMMERCIALES

Sierra Nevada Pale Ale, Stone Pale Ale 2.0.

LES CHIFFRES

DENSITÉ ORIGINALE :
1045 - 1060

DENSITÉ FINALE :
1010 - 1015

TAUX D'ALCOOL :
Entre 4,5 et 6,2 %

IBU :
30 - 50

EBC :
10 - 20

IPA (INDIA PALE ALE)

ALES	AMÉRICAINE

DESCRIPTION GÉNÉRALE

Ancien style anglais remis au goût du jour par les brasseurs américains au commencement de la révolution craft dans les années 1970. Bière très houblonnée et amère avec un taux d'alcool moyen plus faible que la version historique.

APPARENCE

La couleur varie du doré moyen à l'ambré clair rougeâtre. Mousse moyenne blanche à blanc cassé avec une bonne tenue. Elle est plutôt limpide mais peut présenter un léger voile.

ARÔMES ET SAVEURS

Les arômes et saveurs de houblons américains, néo-zélandais et australiens prédominent et sont forts. Le profil de fermentation est plutôt neutre ou légèrement fruité. Les arômes de malt viennent soutenir l'amertume et les saveurs du houblon en arrière-bouche. Les ajouts de houblons sont massifs tout au long du process. Le *dry hopping* apporte les arômes frais de houblon.

SENSATION EN BOUCHE

Le corps est moyen et la texture est douce sans âpreté ou astringence. La pétillance est modérée.

QUELQUES RÉFÉRENCES COMMERCIALES

Aucun mal à trouver une IPA aujourd'hui dans les brasseries du coin. La *Brewdog Punk IPA* est l'IPA emblématique de la révolution brassicole au Royaume-Uni et en Europe.

VARIANTES

Session IPA : identiques à l'IPA mais un taux d'alcool plus faible.
Wheat IPA : version hybride entre une IPA et une Witbier.
Black IPA : version de couleur noire et plus houblonnée et amère que la IPA.

LES CHIFFRES

DENSITÉ ORIGINALE :
1056 - 1070

DENSITÉ FINALE :
1008 - 1014

TAUX D'ALCOOL :
Entre 5,5 et 7,5 %

IBU :
40 - 70

EBC :
12 - 28

NEIPA (NEW ENGLAND IPA)

ALES	AMÉRICAINE

DESCRIPTION GÉNÉRALE

Son histoire est récente et fait partie des nouveaux styles issus de la créativité des brasseurs amateurs de houblons de la Nouvelle-Angleterre. La première bière de ce style serait la Heady Trooper de Alchemist Brewery dans le Vermont. Ce style devient de plus en plus populaire depuis son apparition dans les années 2010. On a coutume de comparer la NEIPA à un jus de fruits tant l'aromatique du houblon est mise en avant et la bière est douce malgré ces ajouts massifs de houblons.

APPARENCE

La couleur va du paille au jaune parfois teinté d'orangé. Apparence trouble soutenue, voire opaque, apportée par le blé et l'orge utilisés en grande proportion. La mousse est blanche.

ARÔMES ET SAVEURS

Arômes intenses de houblons plutôt vers les fruits tropicaux, fruits jaunes et agrumes. Ces arômes doux proviennent d'ajout tardif de houblons et de *dry hopping* généreux pendant la fermentation, provoquant une réaction appelée biotransformation, qui ajoute des arômes complémentaires fruités. Très faible aromatique de pain frais issu des malts bien caché par l'intensité houblonnée. Elle est masquée par le corps apporté par l'avoine notamment et l'alcool. La levure typique du style apporte également des arômes fruités.

SENSATION EN BOUCHE

Le corps est important, malgré son côté soyeux et onctueux, la texture n'est pas crémeuse ou visqueuse. Les arômes de houblon n'apportent pas de côté âpre ou astringent. Tout est dans la douceur dans ce style où la recherche est le côté juteux *(juicy)*.

QUELQUES RÉFÉRENCES COMMERCIALES

Brewdog Hazy Jane, Alchemist Heady Trooper.

LES CHIFFRES

DENSITÉ ORIGINALE :
1060 - 1085

DENSITÉ FINALE :
1010- 1015

TAUX D'ALCOOL :
Entre 6 et 9 %

IBU :
25 - 60

EBC :
6 - 14

BRIQUE HOUSE

Brique House est une brasserie du Nord fière de son fief, créée peu de temps avant le Covid-19 en mars 2020 par Baptiste et Joseph. La brasserie et la taproom attenante voient le jour sur une ancienne filature à 3 minutes de Lille. La *taproom*, c'est quoi ? Littéralement « salle à bec », c'est un endroit où l'on peut déguster les bières artisanales fraîchement brassées dans les cuves situées juste à côté de l'endroit où l'on mange… On y mange, on y boit, on y passe de bons moments. Brique House est née d'une envie simple : réunir tous les amateurs de bière dans un lieu unique et convivial, autour d'expériences sensorielles festives, hyper friendly et sans prise de tête.

Baptiste, 30 ans, passionné par l'histoire des marques, est complètement mordu par la culture brassicole. Il se rend très vite compte que les bières artisanales de qualité représentent une part infime de l'offre et du marché.

Dans sa quête de la bière ultime, il rencontre rapidement Joseph, 38 ans, ancien ingénieur agro-alimentaire reconverti en brasseur autodidacte. Le pari est lancé.
Chacun à son poste, ils bâtissent ensemble, pendant les 18 premiers mois de l'aventure, le destin de leur future brasserie. Elle s'appellera *Brique House*, comme un hommage évident à l'âme des corons et à l'architecture industrielle de leur maison, typique des paysages du Nord de la France. Alchimiste à la cuve, Joseph met au point plusieurs créations originales et expérimentales, après plus de 400 tests (jusqu'à trouver l'accord parfait), pendant que Baptiste part à la recherche du lieu de vie idéal pour leur projet.

Deux gammes de bières sont créées : les bières forever, brassées toute l'année, et des bières éphémères, ou expérimentales, brassées en volume limité et sur un rythme soutenu de deux bières nouvelles par mois qui permet une exploration des styles de bière du monde.

Aujourd'hui en plein développement, la brasserie Brique House a ouvert 6 taprooms. Après Saint-André, 2 autres taprooms ont vu le jour sur la métropole lilloise dans le centre de Lille fin 2021 et à Villeneuve-d'Ascq début 2022. La première en dehors du Nord ouvre à Bordeaux en janvier 2023. Viennent ensuite Paris en juin 2023 et Reims en juin 2024.

En parallèle, la première brasserie devient trop étroite et une nouvelle brasserie plus grande voit le jour sur 3000 m^2 à proximité de Lille.

LA YANKEE TROUBLE

Pas moins de 40 tests ont été nécessaires pour réaliser cette bière dans le garage de Joseph. Bière typique du style NEIPA très trouble et soyeuse. Malgré l'apport de beaucoup de houblon, cette bière est peu amère et très aromatique. Un vrai jus de fruits exotiques.

DOUBLE IPA

ALES	USA

DESCRIPTION GÉNÉRALE

Autre style moderne dans la mouvance de la famille des IPA. C'est une variante plus forte que l'IPA, on va même parfois jusqu'à parler de TRIPLE IPA pour des taux d'alcools supérieurs.

APPARENCE

De doré à orange cuivré assez clair. Mais en général plutôt clair. De limpide à voilée selon les recettes. Mousse de taille moyenne assez persistante.

ARÔMES ET SAVEURS

C'est une bière forte en alcool et amère, mais une amertume nette. Les ajouts tardifs de houblons (en fin de cuisson du moût) sont massifs, rendant l'intensité aromatique des houblons forte sur la même palette aromatique que l'IPA. La base de malt est plutôt discrète même si l'on peut légèrement sentir les arômes de pain grillé ou de caramel. La finale est sèche et non sucrée, et une amertume persistante de houblon.

SENSATION EN BOUCHE

Le corps moyen et l'amertume douce des houblons n'apportent aucune astringence. La carbonatation est moyenne. Vu le taux d'alcool, une légère chaleur peut être ressentie mais de façon légère.

QUELQUES RÉFÉRENCES COMMERCIALES

King JJJuliusss, Tree House Brewing Company, All Citra Everything (Other Half Brewing company), Fear Movie Lions (Stone Brewing).

LES CHIFFRES

DENSITÉ ORIGINALE :
1065 - 1085

DENSITÉ FINALE :
1008 - 1018

TAUX D'ALCOOL :
Entre 7,5 et 10 %

IBU :
60 - 100

EBC :
12 - 28

PILS (PILSNER)

LAGER	RÉPUBLIQUE TCHÈQUE

DESCRIPTION GÉNÉRALE

C'est la reine des lagers. C'est la bière (et ses variantes) la plus vendue dans le monde. La pilsner tchèque est la première à être apparue dans l'histoire du côté de la Bohême à Pilsen (Plzen). La Pilsner Urquell fut brassée par Josef Groll, un brasseur bavarois. Le profil d'eau de Pilsen, la levure et les malts clairs utilisés lui donnent ses caractéristiques. Ce style d'apparence très simple est très fin et l'un des plus difficiles à maîtriser en brassage amateur, le moindre défaut ressort, car ne peut se cacher derrière un taux d'alcool élevé, un corps important ou une intensité aromatique. Vu l'engouement de ce style dans le monde pour son côté rafraîchissant et désaltérant, il peut exister beaucoup de variantes selon les régions.

APPARENCE

Couleur jaune moyen à or foncé. Brillante à très limpide. Mousse blanche crémeuse, dense et persistante.

ARÔMES ET SAVEURS

Arôme de malt de pain frais de moyen à élevé. Au niveau houblon, arômes caractéristiques des houblons nobles tchèques comme le saaz, floral et épicé. L'amertume est prononcée, mais douce. L'équilibre est complexe et fin entre malts et houblons.

SENSATION EN BOUCHE

Le corps est moyen et la carbonatation plutôt modérée, voire faible.

QUELQUES RÉFÉRENCES COMMERCIALES

Toutes les pils industrielles comme *Jupiler, Stella Artois, Heineken, 1664, Kronembourg*… et bien sûr l'originelle *Pilsner Urquell*.

LES CHIFFRES

DENSITÉ ORIGINALE :
1044 - 1060

DENSITÉ FINALE :
1013 - 1017

TAUX D'ALCOOL :
Entre 4,2 et 5,8 %

IBU :
30 - 45

EBC :
7 - 12

HELLES

LAGER | ALLEMAGNE

DESCRIPTION GÉNÉRALE

Style créé en 1894 pour concurrencer les bières blondes de style Pilsner. Elle est plus populaire dans le sud de l'Allemagne. Comme pas mal de lagers, elle se consomme fraîche et de préférence fraîchement brassée pour ne pas perdre en arômes.

APPARENCE

Jaune clair à or clair. Limpide. Mousse blanche crémeuse et persistante.

ARÔMES ET SAVEURS

La saveur modérée de malt peut donner l'impression d'une certaine rondeur amplifiée par une faible amertume. L'aromatique floral, épicé des houblons est très léger. Le malt domine clairement. La finale est douce et sèche toujours sur le malt. Le profil de fermentation est net.

SENSATION EN BOUCHE

Corps moyen et carbonatation moyenne. Le profil doux d'une lager bien fermentée.

QUELQUES RÉFÉRENCES COMMERCIALES

Paulaner Münchner Lager, Schönramer Hell, Spaten Münchner Hell, Weihenstephaner Original Helles.

LES CHIFFRES

DENSITÉ ORIGINALE :
1044 - 1048

DENSITÉ FINALE :
1006 - 1012

TAUX D'ALCOOL :
Entre 4,7 et 5,4 %

IBU :
16 - 22

EBC :
6 - 10

MARZEN (OKTOBERFEST)

LAGER	ALLEMAGNE

DESCRIPTION GÉNÉRALE

Son nom vient du fait que ce style était brassé en mars et conservé à l'abri dans des caves tempérées. Historiquement servie à l'Oktoberfest pour vider les caves, aujourd'hui la bière de l'Oktoberfest est plus claire et plus légère.

APPARENCE

Couleur orange ambré à rouge cuivré foncé. Limpide et brillante, avec une mousse blanc cassé persistante.

ARÔMES ET SAVEURS

Arôme malté modéré aux senteurs de pain légèrement grillé, avec de légères notes de croûte de pain, un aspect brioché en bouche. Profil de fermentation neutre typique des lagers. Très faible arôme floral, herbacé ou épicé de houblon qui vient apporter l'amertume et l'équilibre pour ne pas ressentir de côté sucré. De l'alcool très léger peut être détecté, mais ne doit jamais être trop puissant. La première bouche maltée suggère de la douceur, mais la finale est sèche. Les arômes de caramel doux, de biscuit sec ou de malt torréfié sont inappropriés dans ce style.

SENSATION EN BOUCHE

Corps moyen, carbonatation moyenne.

QUELQUES RÉFÉRENCES COMMERCIALES

Hacker-Pschorr Oktoberfest Märzen, Hofmark Märzen, Paulaner Oktoberfest.

LES CHIFFRES

DENSITÉ ORIGINALE :
1054 - 1060

DENSITÉ FINALE :
1010 - 1014

TAUX D'ALCOOL :
Entre 5,6 et 6,3 %

IBU :
18 - 24

EBC :
16 - 34

DOPPLEBOCK

LAGER	ALLEMANDE

DESCRIPTION GÉNÉRALE

Bière bavaroise de Munich. Brassée par les moines pour consommer pendant le jeûne car la boisson est autorisée. La bière riche en levure et maltée était un bon apport de sucre et de protéines… Traditionnellement de couleur brun foncé ; des exemples plus clairs sont un développement plus récent. C'est une lager forte et très maltée.

APPARENCE

Les versions sombres sont de couleur cuivre à brun foncé, souvent avec des reflets rubis et une mousse blanc cassé. Les versions claires sont de couleur or foncé à ambré clair, avec une mousse blanche. Bonne limpidité, avec une grosse mousse crémeuse et persistante.

ARÔMES ET SAVEURS

L'amertume du houblon est faible et sert l'équilibre. Les arômes de houblon en revanche sont absents ou très légers. Très forts arômes maltés avec de légères notes de caramel. Les versions sombres pourront aller jusqu'aux notes grillées et de chocolat, mais pas jusqu'aux arômes de brûlé. Pour les versions plus claires, moins riches, on restera sur du pain toasté et des arômes légers de houblons floraux, herbacés ou épicés peuvent apparaître ; la finale sera plus sèche.

SENSATION EN BOUCHE

Corps moyen à important. Carbonatation modérée à faible. Très onctueuse sans âpreté ni astringence. Présence d'une légère chaleur d'alcool non brûlante.

QUELQUES RÉFÉRENCES COMMERCIALES

Versions sombres : *Paulaner Salvator, Spaten Optimator, Tröegs Troegenator, Weihenstephaner Korbinian.*
Versions claires : *Meinel Doppelbock Hell, Plank Bavarian Heller Doppelbock, Schönbuch Doppelbock Hell.*

LES CHIFFRES

DENSITÉ ORIGINALE :
1072 - 1112

DENSITÉ FINALE :
1016 - 1024

TAUX D'ALCOOL :
Entre 7 et 10 %

IBU :
16 - 26

EBC :
12 - 50

EISBOCK

LAGER	ALLEMANDE

DESCRIPTION GÉNÉRALE

Originaire de Kulmbach en Franconie (Allemagne) à la fin des années 1800. La légende raconte qu'elle provient de la congélation accidentelle de la bière dans une brasserie. Elle est produite en congelant une bière de type doppelbock et en éliminant la glace (« distillation par congélation »), concentrant ainsi la saveur et l'alcool, ainsi que tous les défauts présents. Les eisbocks commerciaux sont généralement concentrés entre 7 et 33 % d'alcool ! Une garde prolongée est nécessaire pour améliorer l'équilibre entre malt et alcool.

APPARENCE

De couleur cuivre foncé à brun foncé, souvent avec des reflets rubis. Bonne limpidité. La rétention de la mousse peut être modérée à faible. Mousse de couleur blanc cassé à ivoire foncé. Le fort taux d'alcool donne une certaine viscosité qui laisse des jambes assez prononcées le long de la paroi du verre.

ARÔMES ET SAVEURS

Bière riche, forte et corsée. Le profil de fermentation est neutre et les houblons ne sont pas présents au nez. L'amertume apportée compense le côté intense du malt et évite le côté écœurant. Les arômes de malt sont intenses allant d'arômes de pain grillé, brioché, avec un peu de caramel ou de chocolat. La bière peut présenter également des arômes et saveurs de fruits noirs comme le raisin et la prune. La finale est sèche en rapport avec le taux d'alcool, ni sucrée ni sirupeuse.

SENSATION EN BOUCHE

Corps « plein », voire corsé. Une bonne chaleur d'alcool assez douce.

QUELQUES RÉFÉRENCES COMMERCIALES

Kulmbacher Eisbock, série Sacred heart de la brasserie la Débauche.

LES CHIFFRES

DENSITÉ ORIGINALE :
1078 - 1120

DENSITÉ FINALE :
1020 - 1035

TAUX D'ALCOOL :
Entre 9 et 14 %, voire plus !

IBU :
25 - 35

EBC :
34 - 60

LAMBICS

SPONTANÉE	BELGE

DESCRIPTION GÉNÉRALE

Le lambic est une bière typique de Bruxelles. Le moût est refroidi toute une nuit dans un large bac refroidisseur ouvert, disposé sous les toits de la brasserie. Les micro-organismes de l'air ambiant (typique de la région de Bruxelles) vont « coloniser » la bière. La bière est ensuite transférée dans des barriques et la fermentation fait son œuvre pendant au moins 1 an. Le lambic contient environ 30 % de blé non malté et 70 % de malt d'orge. Une des particularités est l'utilisation de houblons surannés. Ils servent ici surtout à la conservation.

APPARENCE

De jaune pâle à doré profond. Les lambics les plus vieux auront tendance à être plus sombres. Le lambic peut être légèrement voilé pour les plus jeunes, quant aux plus vieux, ils auront tendance à être limpides. La mousse est blanche et ne tient pas.

ARÔMES ET SAVEURS

Le lambic est une bière acide qui évolue avec le temps. Les lambics jeunes auront une acidité lactique prononcée et fruitée (agrumes, zeste, fruits à pépins). Pour les plus vieux, l'acidité sera plus complexe et des parfums inattendus, de cheval, de foin peuvent apparaître. Ces dernières proviennent notamment de levures sauvages de la famille des *brettanomyces*. Le lambic ne présente pas du tout l'arôme de houblon ni d'amertume, l'équilibre se faisant ici sur l'acidité. Quant au malt, des arômes faibles s'expriment et rappellent la céréale et le pain frais. La finale est sèche et s'accentue avec l'âge.

SENSATION EN BOUCHE

Le corps est léger, mais pas aqueux. L'acidité est plutôt forte, âpre mais pas astringente. Le lambic est traditionnellement servi sans bulle dans des pichets.

QUELQUES RÉFÉRENCES COMMERCIALES

Cantillon Grand Cru Bruocsella.

LES CHIFFRES

DENSITÉ ORIGINALE :
1040 - 1054

DENSITÉ FINALE :
1001 - 1010

TAUX ALCOOL :
Entre 5 et 6,5 %

IBU :
0 - 10

EBC :
6 - 12

GUEUZE

SPONTANÉE	BELGE ET FRANÇAISE

DESCRIPTION GÉNÉRALE

La gueuze est un assemblage de lambics jeunes et vieux. Le lambic jeune apporte du sucre qui permettra la refermentation en bouteille. Cet assemblage donne un caractère très complexe et fin à la gueuze qui reflète le goût de l'assembleur. Les gueuzeries ne fabriquent pas de bière, mais sélectionnent des lambics qu'ils assemblent pour en faire de la gueuze.

APPARENCE

Doré et limpide avec une mousse blanche et épaisse.

ARÔMES ET SAVEURS

Plus complexe que le lambic avec des caractéristiques communes : pas d'amertume, l'expression des arômes du malt est très légère, présente un léger côté fruité tirant sur l'agrume, les zestes, les fruits à pépins.
L'acidité est de légère à modérée, très complexe et fine avec des notes inattendues. La finale est sèche et vive avec un fond de bouche acidulé.

SENSATION EN BOUCHE

Même sensation que le lambic, à savoir une bonne acidité âpre sans astringence. Mais on y ajoute la pétillance.

QUELQUES RÉFÉRENCES COMMERCIALES

3 Fonteinen Oude Geuze, Cantillon Classic Gueuze 100% Lambic.

LES CHIFFRES

DENSITÉ ORIGINALE :
1040 - 1054

DENSITÉ FINALE :
1000 - 1006

TAUX ALCOOL :
Entre 5 et 8 %

IBU :
0 - 10

EBC :
10 - 12

BRASSERIE CANTILLON

RENCONTRE AVEC LA FAMILLE VAN ROY

Jean-Pierre fait partie de la troisième génération. Le grand-père de Claude, sa femme, Paul Cantillon, crée la brasserie en 1900. Plus exactement, il crée l'entreprise dont l'activité de départ est un commerce de bières et assemblage de lambics. Dans les années 1930, la société Cantillon est reconnue, même si la crise touche le milieu brassicole et que beaucoup de brasseries mettent la clé sous la porte. Paul décide de commencer à brasser lui-même et achète quasiment tout son matériel d'occasion, notamment la cuve d'empâtage (ou cuve matière) toujours utilisée aujourd'hui ! Elle a servi plus de 10 000 fois depuis le démarrage de l'activité en 1930 et ce n'est pas fini, car elle est aujourd'hui en pleine cure de jouvence. En effet, des travaux de restauration ont été engagés pour permettre aux brasseurs de continuer à brasser avec cette cuve.

Paul Cantillon réussit à s'en sortir pendant la guerre malgré toutes les restrictions d'approvisionnement. Les années 1950 sont plutôt florissantes pour l'entreprise. Mais comme partout dans le milieu brassicole mondial, Bruxelles n'échappe pas à la crise.

Plusieurs facteurs sont en cause : la gueuze ne trouve plus son public. L'apparition et le succès des produits sucrés sur le marché, notamment les sodas, fait perdre le goût pour l'amer et l'acide. Certains brasseurs, pour survivre, décident alors de changer la manière de produire les gueuzes et lambics, notamment par l'ajout de sucre pour adoucir les gueuzes. Si bien que les gueuzes et lambics traditionnels tendent à disparaître. « Lambic, gueuze : ça ne veut plus dire grand-chose », selon Jean-Pierre.

LA REPRISE PAR JEAN PIERRE VAN ROY

En 1969, Jean-Pierre accepte de reprendre le flambeau en répondant à l'appel de son beau-père Marcel Cantillon, père de Claude. La brasserie est alors au bord de la faillite. À Bruxelles, en 1969, ne subsistent qu'un assembleur et quatre brasseries. C'est une véritable hécatombe, car en 1944. on comptait plus de 100 marques de gueuzes (26 brasseries et 76 assembleurs).

Les rencontres, la résilience et l'inventivité de Jean-Pierre vont sauver la brasserie. Dans les années 1970, il sort de la brasserie pour vendre sa bière lors d'une grande fête à Bruxelles. Un journaliste le repère et écrit un article sur la brasserie. Deux jours plus tard, il reçoit des visiteurs, curieux d'en savoir plus. C'est là que germe l'idée de faire de la brasserie Cantillon le support du musée de la gueuze et du lambic bruxellois, créé en 1978 sous forme d'association. La double activité (brasserie et activités culturelle et touristique) va sauver la brasserie qui aujourd'hui est reprise progressivement par les trois enfants de Jean-Pierre : Jean, Magali et Julie.

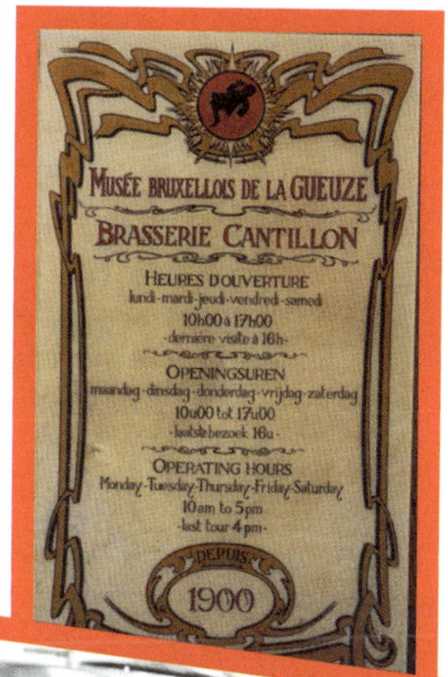

UN BRASSEUR PAS COMME LES AUTRES

Jean-Pierre n'était pas destiné à devenir brasseur. Il est enseignant de formation et a démarré sa carrière dans l'univers du disque. Il a abandonné une carrière prometteuse à la fin des années 1960 pour rejoindre l'aventure familiale. Féru d'histoire, et notamment celle de Bruxelles, du lambic et de la brasserie Cantillon, il est en train de créer un musée au dernier étage des bâtiments de la brasserie. Le musée devrait voir le jour à l'automne 2025.

La brasserie a reçu son millionième visiteur en 2022 et a accueilli plus de 40000 visiteurs en 2015, avant le Covid-19. Jean-Pierre milite et se bat depuis qu'il a repris les rênes de la brasserie pour défendre le « vrai savoir-faire ». Il a combattu les plus gros brasseurs devenus industriels pour défendre et faire respecter des arrêtés royaux et ministériels (aujourd'hui abrogés) définissant en détail le procédé de fabrication du lambic et de la gueuze.

Le métier de brasseur de lambics est très spécifique. Il diffère réellement de celui du brasseur standard. Le brassage n'est possible que de novembre à mars, car les conditions climatiques de mars à octobre ne le permettent pas : la chaleur et les micro-organismes qui prolifèrent empêchent d'obtenir un produit de qualité. La fermentation spontanée rend la brasserie très dépendante des conditions extérieures. Le réchauffement climatique, par exemple, risque de réduire encore la période où le brassage est possible. On peut dire que le lambic, brassé de façon traditionnelle, est le produit qui ressemble le plus aux premières bières de l'humanité, car on laisse la nature faire son œuvre, on suit les saisons et on laisse à la bière et aux levures le temps qu'il faut. Et l'assemblage de lambics de différents âges se révèle un art, chaque lambic est différent d'une année à l'autre, chaque gueuze l'est donc aussi. Chaque produit est donc unique et millésimé, loin de la standardisation du marché actuel.

BERLINER WEISSE

MIXTE	ALLEMANDE

DESCRIPTION GÉNÉRALE

Comme son nom l'indique, elle est originaire de Berlin. Elle était appelée « champagne du nord » par les soldats de Napoléon pour son côté vif, pétillant et élégant. C'est une bière de blé avec au moins 50 % de malt. La fermentation est dite mixte, car cette bière présente deux fermentations complémentaires : la fermentation alcoolique par *saccharomyces cerevisiae*, classique des ales, et une fermentation lactique par des bactéries lactiques lui donnant son caractère acide et fruité. Ce caractère fruité est propice à une aromatisation aux fruits – fruits rouges, pêche, abricot, fruits tropicaux... –, pendant la fermentation.

APPARENCE

De couleur paille à très clair. La limpidité va de claire à légèrement voilée. La mousse est épaisse et blanche avec une faible persistance. Belle effervescence.

ARÔMES ET SAVEURS

L'acidité forte apporte l'équilibre et aucune amertume n'est ressentie. Contrairement aux lambics, l'acidité lactique est apportée par les bactéries lactiques. Une légère saveur de malt soutient cette acidité et rappelle la pâte à pain, voire le levain.

Un fruité assez vif, d'agrumes notamment citron, abricot-pêche ou pomme acidulée, est présent. La finale est sèche.

SENSATION EN BOUCHE

Le corps est moyen, l'acidité est vive et la carbonatation est élevée.

QUELQUES RÉFÉRENCES COMMERCIALES

Onkel Herbert Rhabarber Weisse, BRLØ Berliner Weisse.

LES CHIFFRES

DENSITÉ ORIGINALE :
1028 - 1032

DENSITÉ FINALE :
1003 - 1006

TAUX ALCOOL :
Entre 2,8 et 3,8 %

IBU :
3 - 8

EBC :
4 - 6

GOSE

MIXTE	ALLEMANDE

DESCRIPTION GÉNÉRALE

Bière de blé originaire d'Allemagne. Elle est associée à Leipzig, car c'est là qu'elle a rencontré son succès. Cependant, la première trace de l'évocation de ce style remonte au XIVe siècle dans la ville de Goslar sur les rives de la rivière Gose qui lui donne son nom. Tout comme la Berliner Weisse, c'est une bière de fermentation mixte associant la fermentation alcoolique et la fermentation lactique, historiquement spontanée, à laquelle on ajoute une pointe de sel marin ainsi que de la coriandre. Ce qui en fait une des rares exceptions au décret sur la pureté de la bière (*Reinheitsgebot*). Ce style de bière est une bonne base pour les bières acidulées aux fruits.

APPARENCE

Couleur jaune à ambré clair.
Bière légèrement troublée à très trouble.
Bien effervescente avec une mousse blanche qui se tient.

ARÔMES ET SAVEURS

Amertume et saveur de houblon absentes. L'équilibre est apporté par l'acidité franche. Le malt est présent, mais léger sur des notes de pain frais, de levain non cuit. Les notes fruitées d'agrumes et l'ajout de coriandre renforcent le côté rafraîchissant qu'apporte l'acidité. Le sel doit être perceptible, mais légèrement à la limite du seuil de perception que l'on sent dès l'attaque mais qui s'estompe.
La finale est sèche et acide.

SENSATION EN BOUCHE

Corps moyen à rond, le sel peut donner un léger picotement, la levure et le blé peuvent apporter du corps, mais l'acidité maintient le côté rafraîchissant et peu lourd.

QUELQUES RÉFÉRENCES COMMERCIALES

Bayerisch Bahnhof Leipziger Gose, Westbrook Gose.

LES CHIFFRES

DENSITÉ ORIGINALE :
1036 - 1056

DENSITÉ FINALE :
1006 - 1010

TAUX ALCOOL :
Entre 4,2 et 4,8 %

IBU :
5 - 12

EBC :
6 - 8

BREW CLUB

À LA MAISON

BREW CLUB

À LA MAIS

JOIN
THE HOUSE

BRIQUE
THE RULES

03

À LA MAISON

DEVENIR BRASSEUR AMATEUR

Tout ça vous donne envie de vous lancer dans la fabrication de votre bière ? Comment faire pour se lancer ? Voici quelques éléments de réponse. Pour démarrer le brassage à la maison, plusieurs solutions sont possibles.

SE LANCER / OSER / ESSAYER

SE LANCER / OSER / ESSAYER

SE LANCER / OSER / ESSAYER

LES KITS DE BRASSAGE

Pour commencer de façon simple sans investir dans trop de matériel et sans y passer trop de temps, il existe différents kits de brassage sur le marché.

LES KITS PRÊTS À L'EMPLOI

On utilise un sirop de malt déjà houblonné. Il suffit de le diluer dans de l'eau chaude. On ajoute les levures et on transfère le mélange dans un seau de fermentation. On laisse les levures travailler pendant les 3 semaines nécessaires.

+ Peu d'investissement en temps et matériel. Un seau de fermentation suffit et on suit la notice !

− Recette déjà établie, peu d'action possible sur le goût.

LES KITS AVEC EXTRAIT DE MALT

Ces kits contiennent le malt sous forme de poudre, les houblons qui correspondent à la recette que vous avez choisie, la levure et éventuellement les autres ajouts comme des épices ou fruits séchés. Il faut donc réhydrater l'extrait de malt dans de l'eau chaude dans une grosse marmite, ajouter les houblons et les épices fournis avec le kit selon la recette. Puis place à la fermentation.

+ Pas d'investissement dans le matériel de concassage du malt, ni dans la cuve pour réguler la température.

− Toutes les recettes ne sont pas réalisables avec cette méthode.

LE BRASSAGE TOUT GRAIN

Avec cette méthode, on reproduit tous les gestes du brasseur à la maison. De l'équipement supplémentaire est nécessaire, mais vous pourrez laisser libre cours à votre créativité et à votre imagination. Le temps nécessaire sera aussi plus important, de la création de la recette au brassage, mais quoi de plus satisfaisant que de vraiment faire sa propre bière ?

CHOISIR OU CRÉER SA RECETTE

Nombre de recettes sont disponibles sur les divers forums de brasseurs amateurs (et même dans ce livre, encore un peu de patience…). Il existe également des petits logiciels de création de recettes, en libre accès ou sous licence pour les plus élaborés. Dans un premier temps, il vous sera facile d'essayer de reproduire des recettes existantes. Au gré des dégustations de vos réalisations, de vos envies, de vos sensibilités et de la maîtrise du procédé de fabrication, le champ des possibles va s'ouvrir et vous pourrez alors faire varier les différents ingrédients et paramètres pour tester, tester et encore tester, et créer vos propres recettes.

Une fois la recette choisie, il faudra vous procurer les différents ingrédients nécessaires. Pas de crainte de ce côté-là, le développement des brasseries artisanales s'est accompagné de celui du DIY (*Do It Yourself)* et il existe aujourd'hui pas mal de fournisseurs pour trouver tous les ingrédients et matériels adaptés au brassage à la maison.

LES DIFFÉRENTS PARAMÈTRES D'UN BRASSIN

↘ **Volume du brassin :** il est lié au matériel que vous vous serez procuré.

↘ **Densité originale :** c'est la quantité de sucre que vous aurez réussi à extraire à la fin du brassage.

↘ **Densité finale :** c'est la quantité de sucre dans la bière après fermentation.

↘ **Taux d'alcool :** la quantité de sucre utilisée par les levures donnera le taux d'alcool qui aura été produit.

↘ **EBC :** ce paramètre donnant une indication sur la couleur finale de la bière est estimé en fonction des couleurs et quantités des différents malts utilisés.

↘ **IBU :** le calcul de l'IBU (évaluation de l'amertume) se fait selon les houblons utilisés, notamment leur teneur en acides alpha et le moment de l'ajout.

↘ **pH :** il doit être ajusté au moment du brassage et contrôlé à diverses étapes de l'élaboration de la bière.

LE CONCASSAGE

Cette étape consiste à ouvrir l'enveloppe de malt pour rendre accessibles les sucres à l'intérieur du grain. Elle paraît simple, mais la taille de la mouture est importante : si les grains ne sont pas assez concassés, l'extraction des sucres ne sera pas optimale, et si la mouture est trop fine (farine) les futurs rinçage et filtration seront très difficiles et des composés présents dans l'écorce, tels que les tanins ou les polyphénols, seront libérés pouvant donner des goûts indésirables. L'idée est de concasser les grains en 3 ou 4 morceaux avec le moins de farine possible. Dans tous les cas, il y aura un peu de farine et quelques grains entiers. Faites des tests.

Moulin à malt

En général, la poignée peut s'enlever facilement et une perceuse-visseuse installée sur l'axe de rotation rend cette étape plus facile et rapide.

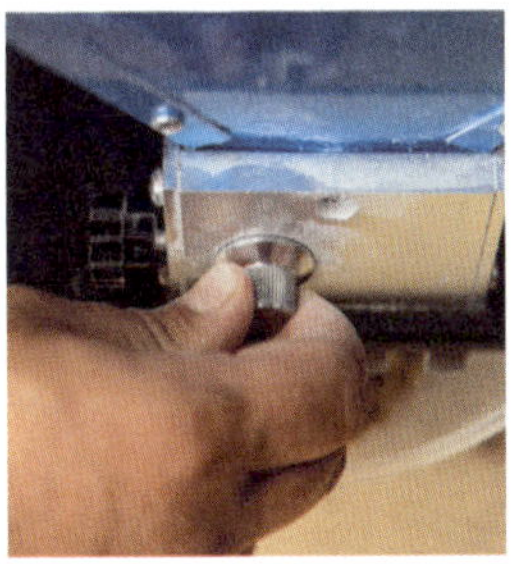

Régler l'écartement des rouleaux

Passez une petite quantité de grains et regardez le résultat. Il existe des moulins (concasseurs) de différents types et tailles, notamment en ce qui concerne le réglage de la mouture. Une fois le réglage effectué, on passe le malt au concassage. Vous récupérerez la matière concassée dans un récipient type grand saladier.

Concassage trop gros

Concassage trop fin

Bon concassage

EN RÉSUMÉ

Peser les malts

Remplir la trémie

Concasser les grains

LE BRASSAGE

Une fois le concassage des malts effectué, le brassage à proprement parler peut commencer. Trois étapes se succèdent : l'empâtage, la filtration-rinçage et l'ébullition.

01 L'EMPÂTAGE

L'empâtage est l'étape où l'on transforme l'amidon contenu dans le malt en sucres plus simples pour obtenir le moût (jus sucré). C'est à ce moment-là que les enzymes entrent en jeu. Les alpha et bêta amylases contenues dans le malt découpent la chaîne d'amidon en mélange de sucres fermentescibles et non fermentescibles. Ces derniers, que les levures ne peuvent assimiler, constitueront les sucres résiduels et donneront à la bière finale un côté plus ou moins sucré. L'activation de ces enzymes se fait par la température.

Ces deux types d'enzymes ont des optimums de température : 62 °C pour les bêta amylases et 72 °C pour les alpha amylases. Cette plage de température (62 °C – 72 °C) est communément appelée la fenêtre du brasseur.

Autour de 62 °C, l'amidon est transformé en sucres fermentescibles ; autour de 72 °C, il est transformé en sucres non fermentescibles. Selon l'équipement de brassage, vous pourrez jouer sur les temps et températures d'empâtage qui influeront sur la sucrosité finale de la bière.

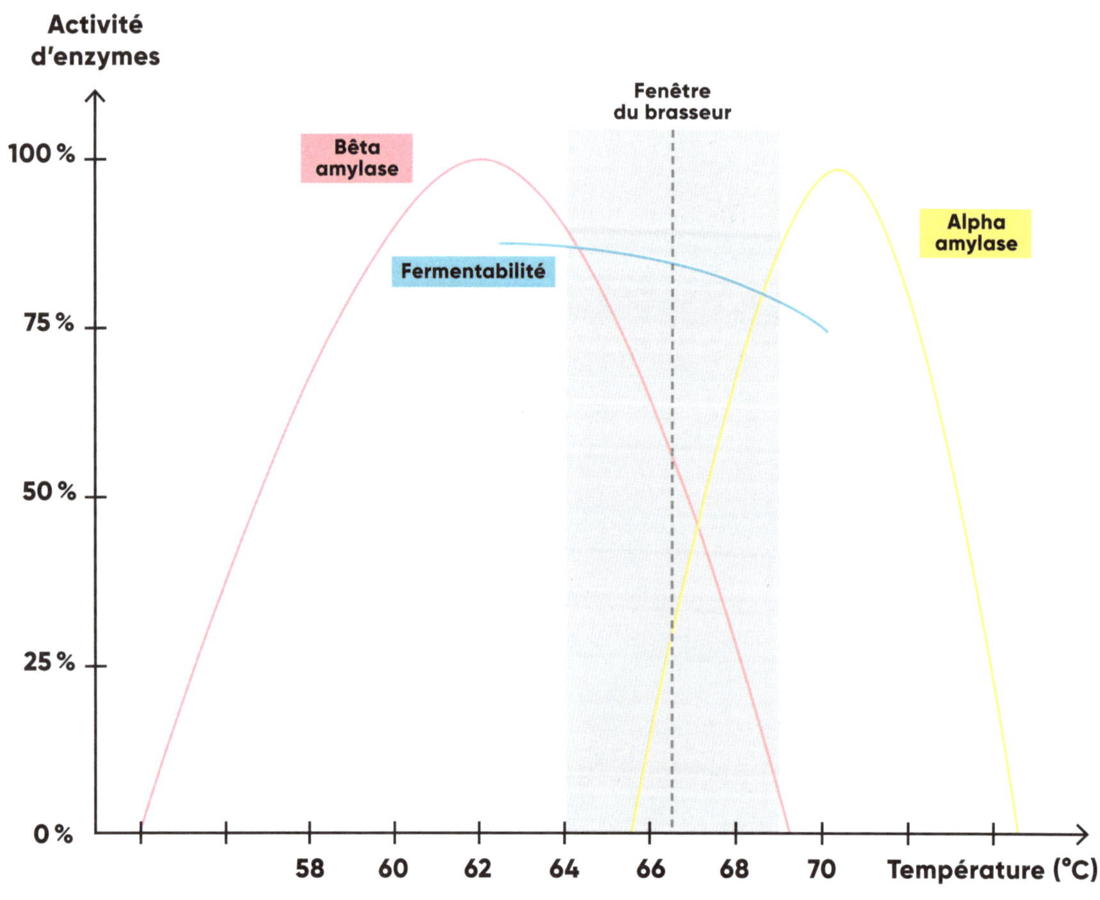

EN PRATIQUE : COMMENT FAIRE ?

L'idée est de verser lentement le grain concassé dans l'eau à la température désirée. Il faut viser un ratio eau/malt entre 2,5 et 3,5 L/kg de grains. La durée d'empâtage peut varier, mais en général elle est d'une heure. Le terme brassage vient de ce mélange lent, historiquement fait à l'aide d'un fourquet. Il s'agit ici d'hydrater le grain en évitant la formation de grumeaux et d'obtenir un mélange homogène appelé maische. Une fois le malt versé, la maische doit être maintenue à la température désirée ce qui est plus ou moins facile selon votre équipement.

À la fin de l'empâtage, il faut désactiver les enzymes en montant la température autour de 78-80 °C pendant 5 minutes. Cette étape est appelée le *mash out*. Cela fige le moût dans la composition en sucres telle que vous l'avez souhaitée. Attention à ne pas dépasser 80 °C pour éviter l'extraction de molécules indésirables du malt comme les tanins et les polyphénols ainsi que la solubilisation de l'amidon résiduel qui peut apporter un trouble non désiré à la bière. C'est à partir de cette étape que l'on arrête également de mélanger la maische.

MATÉRIEL

LA CUVE DE BRASSAGE PEUT ÊTRE :

- **Une simple marmite** qu'il faudra tapisser d'un sac de brassage propre, une sorte de filet qui servira à enlever tous les résidus et écorces de grains (les drêches), c'est le BIAB (Brew in A Bag). La régulation de la température se fera avec un thermomètre et une réserve d'eau froide selon la qualité et la précision de la chauffe.
- **Une cuve équipée d'un fond filtrant et d'un robinet.** Le rinçage des drêches (étape suivante) sera facilité et le moût pourra donc plus facilement être séparé des drêches. La régulation de la température se fera de la même manière que précédemment.
- **Une cuve de brassage électrique.** Ces cuves sont équipées d'un tube à malt permettant un rinçage des drêches facile. Le gros avantage de ces cuves à résistances électriques et thermostat est la régulation de la température. Elles sont programmables à la fois en temps de chauffe et en température. Certes, l'inconvénient de ces équipements est le prix, mais ils offrent beaucoup plus de précision et de praticité.

Cuve de brassage électrique

EN RÉSUMÉ

Installer le tube à malt et son fond filtrant dans la cuve de brassage

Remplir de la bonne quantité d'eau

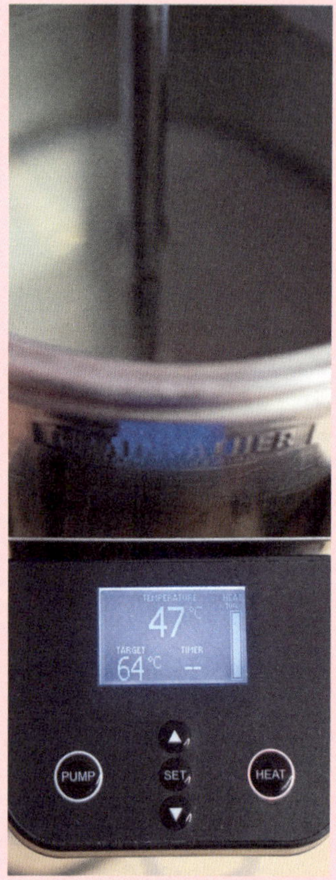

Régler à la bonne température d'empâtage (ici 64 °C)

Consigne atteinte

Verser le malt

Bien mélanger

Mash out

02 LA FILTRATION-RINÇAGE

Si vous avez un BIAB, cette étape consiste juste à retirer le sac contenant les drêches et à laisser s'égoutter le moût que l'on récupère pour la prochaine étape.
Avec les deux méthodes, cette étape consiste à récupérer au maximum les sucres présents dans les drêches.

Attention : le moût ne doit pas être refroidi, il faut donc que l'eau de rinçage soit à environ 80 °C. Les drêches forment ce que l'on appelle le gâteau qui repose sur un fond filtrant. Le gâteau va jouer le rôle de filtre naturel.

Dans un premier temps, on récupère le moût qui passe au travers du gâteau et, dès que le liquide ne recouvre plus le dessus du gâteau, on ajoute l'eau de rinçage au fur et à mesure pour ne pas laisser la surface du gâteau à l'air libre et maintenir un flux de filtration le plus constant possible.

La recette que vous avez choisie ou créée est paramétrée sur un volume final donné à une certaine densité. La densité du moût filtré diminue au fil de la filtration, la maische est très concentrée en sucre au départ (la densité est supérieure à la densité cible).

Au fil des rinçages, la densité baisse et dilue le moût obtenu. La quantité d'eau dont vous aurez besoin pour le rinçage va dépendre de l'efficacité de l'empâtage et de la filtration. La densité du moût en fin de filtration peut être inférieure ou supérieure à la cible. À ce stade, quand la quantité de moût se rapproche du volume final cible, mesurez la densité du moût.

La densité est sur la cible : le brassage se passe parfaitement bien. Arrêtez la filtration quand vous avez atteint le volume de moût cible.

La densité est supérieure à la cible : le brassage se passe trop bien. Continuez à filtrer (dans la limite du volume acceptable par votre matériel bien sûr) au-delà du volume cible pour continuer à diluer. Vous trouverez assez facilement des petits calculateurs pour estimer le nouveau volume final. Si la filtration est très lente, vous pouvez également diluer le moût avec de l'eau chaude pour gagner du temps.

La densité est inférieure à la cible : le brassage ne se passe pas comme attendu. Plusieurs choix s'offrent à vous :

- Filtrez jusqu'au volume cible. Et vous procéderez à une correction de densité en ajoutant du sucre pendant l'ébullition. Il s'agit d'ajouter ici des sucres fermentescibles, donc un sucre de table classique (saccharose) fera l'affaire.
- Arrêtez la filtration plus tôt pour être au plus proche de votre densité cible. Plusieurs inconvénients : le volume de bière final sera plus faible, ce qui est un vrai problème, mais surtout vous devrez réajuster les quantités d'ingrédients qui seront ajoutés par la suite.

CONSEIL DU BRASSEUR : La gestion de cette étape de fin de filtration peut paraître compliquée à gérer au début. Mais au fil du temps et des brassages, vous connaîtrez parfaitement votre matériel, vous aurez acquis l'expérience et pourrez anticiper au maximum la fin de votre filtration.

EN RÉSUMÉ

Fin d'empâtage, remonter le tube à malt

Rincer les drêches en laissant la surface immergée

Évacuer les drêches parfaites pour le compost

03 L'ÉBULLITION

Cette étape consiste à faire bouillir le moût obtenu pendant une heure.
Les intérêts sont :

- **1.** Une stérilisation du moût. En effet, à 100 °C, presque aucun micro-organisme ne survit, laissant un terrain de jeu favorable au développement des levures que l'on va ajouter.
- **2.** L'isomérisation des acides alpha contenus dans le houblon. Les acides alpha sont insolubles dans l'eau, leur isomérisation va les rendre solubles dans le moût et apporter donc leur amertume.
- **3.** L'aromatisation de la bière. On peut ajouter des houblons aromatiques en fin d'ébullition pour privilégier l'extraction des arômes sans trop extraire d'amertume.
- **4.** L'ajout de certaines épices et d'autres ingrédients aromatiques tels que la coriandre, les écorces d'orange, les différents poivres... Ces derniers ont l'avantage de ne pas craindre la chaleur de l'ébullition.

L'EFFET WHIRLPOOL

Une fois tous les ingrédients ajoutés et l'ébullition terminée, vous aurez besoin d'huile de coude. À ce moment du brassage, le moût est un jus sucré amer. Entre les résidus de malt, de houblon, les amas de protéines qui se sont formés pendant l'ébullition, il contient beaucoup de particules indésirables. Pour le clarifier au maximum, on utilise un phénomène physique : l'effet whirlpool. On procède, à l'aide du fourquet (voir page 130), à un mélange énergique et circulaire du moût pendant 5 minutes pour former un tourbillon, puis on laisse reposer pendant 5 à 10 minutes. De manière assez contre-intuitive, toutes les particules en suspension retombent au centre du tourbillon formant un amas de résidus « boueux » que l'on appelle *trub*. Ce dernier doit être le plus concentré possible pour ne pas perdre de moût. Pour éviter de le transférer vers le fermenteur, les robinets dont sont équipées les cuves de brassage se trouvent vers l'extérieur de la cuve.

L'effet whirlpool

C'EST À CETTE ÉTAPE QUE L'ON AJOUTE LES ÉPICES ET AUTRES INGRÉDIENTS AROMATIQUES

LE REFROIDISSEMENT

Le moût est donc maintenant presque prêt à être transféré dans le fermenteur. Presque, car comme on l'a vu précédemment, il faut mettre les levures dans les meilleures conditions de température pour assurer leur développement. Il faut donc maintenant refroidir le moût à la bonne température, autour des 20 °C. C'est en refroidissant que le risque d'infection est le plus important. En effet, c'est un jus sucré stérile (l'ébullition ayant fait son travail), le moindre micro-organisme qui se retrouverait dans ce milieu serait dans les meilleures conditions pour se développer. C'est d'ailleurs le cas pour les levures que l'on va ajouter. Il faut donc à ce moment-là prendre encore plus de précautions pour éviter une contamination autre que les levures que nous allons ajouter. Il faut donc que le refroidissement soit le plus rapide possible et que tous les matériels utilisés soient bien désinfectés. Attendre que le moût refroidisse tout seul présente un risque d'infection trop important.
Deux solutions techniques existent pour cela :

- **Le serpentin :** c'est un tuyau enroulé sur lui-même avec une entrée et une sortie que l'on va plonger dans le moût. L'entrée du serpentin est connectée à l'eau froide du réseau (raccord de type tuyau d'arrosage) pour la faire circuler au travers du serpentin. Un échange de chaleur se fait entre l'eau froide et le moût chaud. L'eau se réchauffe et le moût se refroidit. Une fois le moût refroidi à la bonne température, on peut le transférer dans le fermenteur ;

- **L'échangeur à plaques :** sur le même principe que le serpentin, l'échange de chaleur se fait entre le moût chaud et l'eau froide du réseau. L'eau et le moût circulent chacun dans un sens différent entre les plaques, augmentant la surface d'échange, ce qui rend le refroidissement plus rapide. Autre avantage, le transfert vers le fermenteur peut se faire directement après passage dans l'échangeur.

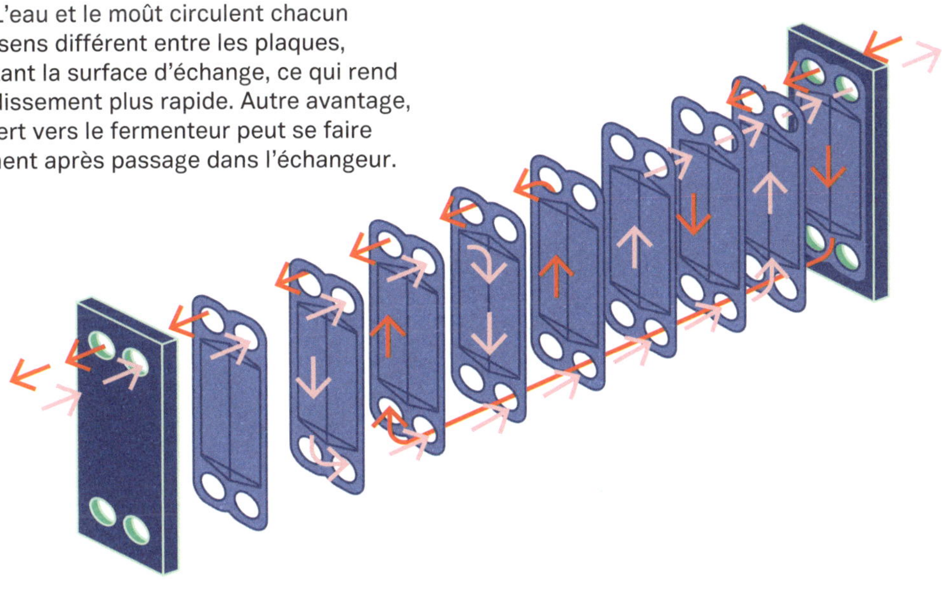

EN RÉSUMÉ

Montée en température

Ébullition vive

Préparation du houblona

Ajout du houblon

Fin de l'ébullition

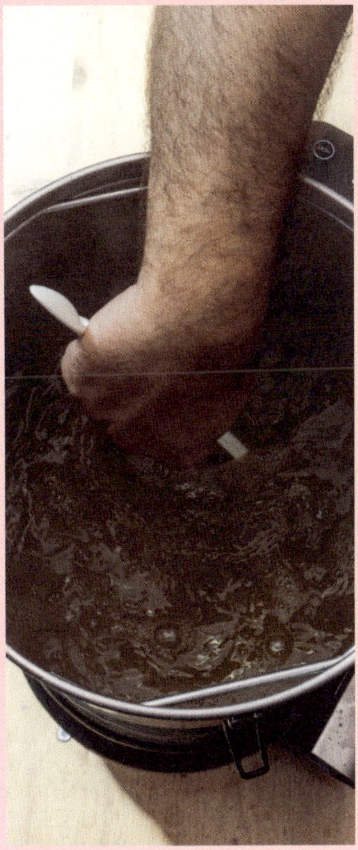

Effet whirlpool

Tourbillon

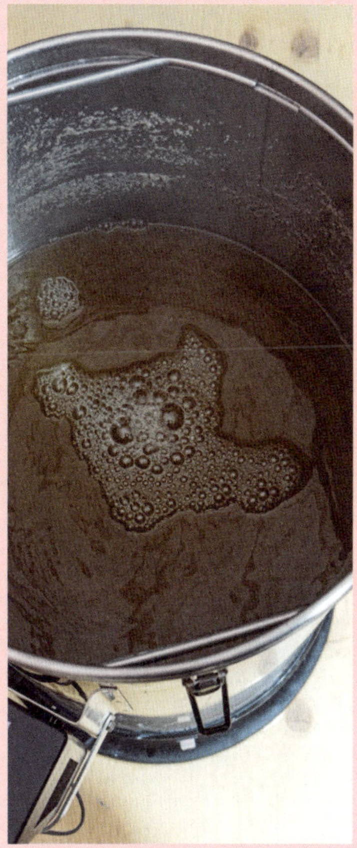

Repos

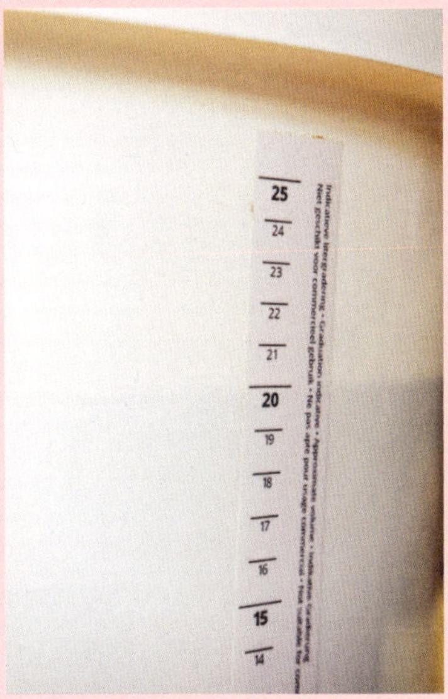

Système de refroidissement et transfert en fermenteur lavé et désinfecté

Trub

LA FERMENTATION

L'ENSEMENCEMENT

Le moût refroidi est prêt à être ensemencé. Les levures du commerce se trouvent en sachet sous forme de poudre ou de liquide. Elles ont été cultivées sur des milieux contenant les nutriments nécessaires à leur développement. Vous trouverez bien souvent des petits conditionnements dont les quantités de levure (en nombre de cellules) conviennent à un brassin de 20 litres. Les quantités à ajouter à votre brassin sont généralement indiquées par le fournisseur sur le sachet avec une quantité de levures par litre de moût à ajouter. Quelle que soit la levure choisie pour votre recette, il faudra manipuler les sachets dans de bonnes conditions d'hygiène car, comme dit précédemment, il serait dommage d'ajouter d'autres micro-organismes que les levures désirées à cette étape et de gâcher le travail déjà réalisé. Après vous être lavé les mains, vous aurez besoin d'une paire de ciseaux désinfectés — utilisez un petit pulvérisateur d'alcool. Ouvrez le sachet et versez son contenant en essayant de le répartir au mieux sur la surface dans le fermenteur qui contient déjà le moût. Inutile de prendre le risque de mélanger à ce moment-là, la fin du transfert servira à homogénéiser le mélange. Les levures sont prêtes pour le grand festin, elles se retrouvent dans des conditions idéales pour leur développement : du sucre, un peu d'oxygène, la bonne température et pas de micro-organismes concurrents.

LA FERMENTATION

Vous avez transféré le moût ensemencé dans une cuve de fermentation.

MATÉRIEL

PLUSIEURS TYPES DE CONTENANTS SONT POSSIBLES :

- **Tourie ou dame-jeanne :** récipient en verre ou en plastique transparent. Il faudra l'équiper d'un bouchon percé, souvent en silicone pour garder l'étanchéité, et d'un barboteur.
- **Seaux de fermentation en plastique alimentaire :** il en existe de plusieurs tailles ce qui peut être intéressant pour réaliser des tests sur un même brassin. Ils sont équipés d'un couvercle étanche et d'un robinet pour le transfert du moût ou le soutirage de la bière. Le couvercle est troué pour insérer un barboteur.
- **Fermenteurs en inox :** évidemment beaucoup plus onéreux, ils s'apparentent à de l'équipement professionnel, mais en taille réduite, avec tous les avantages de l'inox, peu sensible à la corrosion, surfaces lisses et inertes facilement nettoyables.

LE BARBOTEUR

Tous les contenants doivent être équipés d'un barboteur. En effet, les levures vont transformer les sucres en alcool et en CO_2. À ce stade, le CO_2 doit être évacué pour éviter la montée en pression du contenant. Le barboteur permet de laisser sortir le gaz en empêchant en revanche l'air d'entrer. C'est une sorte de siphon dans lequel on met de l'eau. Le CO_2 en s'échappant fait buller cette eau.

Le fermenteur doit être placé dans une pièce qui ne subit pas trop de variations de température. La température de fermentation doit se situer aux alentours de 20 °C. La première phase de la fermentation (la tumultueuse) est une phase importante pour l'activité des levures.
Au bout de quelques heures, les levures s'activent et « mangent » les sucres, un dégagement de CO_2 assez important se produit et le barboteur bulle de façon intensive pendant 2 ou 3 jours pour diminuer progressivement jusqu'à la fin de la fermentation. Cette étape dure entre quelques jours et une semaine selon la levure utilisée, la densité initiale et la température maintenue dans la pièce.
Ensuite, la fermentation est réduite mais les levures continuent à travailler pour affiner le goût de la bière. Elles se mettent progressivement en dormance et retombent au fond du fermenteur. On peut considérer qu'au bout de 15 jours supplémentaires, la bière est prête à être conditionnée. Les levures « mortes » sont retombées au fond, les différentes particules résiduelles de malt, houblon et autres ajouts se sont également déposées au fond du fermenteur.

LES AJOUTS PENDANT LA FERMENTATION

Pendant la fermentation, la bière reste sensible aux infections et à ce stade à l'oxygène qui peut provoquer des phénomènes d'oxydation. Il s'agira donc de manipuler les différents accessoires et le matériel de la façon la plus hygiénique et la plus rapide possible. En effet, vous allez devoir ouvrir le fermenteur et donc laisser la bière à l'air libre le temps d'effectuer les ajouts.

- **Le *dry hopping* ou houblonnage à froid :** il s'agit ici d'ajouter du houblon pour renforcer les arômes. On peut l'ajouter directement dans la bière, mais selon les quantités ajoutées, cela peut poser problème pour la clarification. Le plus simple est d'utiliser une chaussette à houblon, sorte de petit filet qui va permettre d'infuser le houblon dans la bière. Placez le houblon dans le sac que vous aurez stérilisé, vaporisez de l'alcool autour du couvercle, enlevez le barboteur, enlevez le couvercle et faites passer la ficelle à travers le trou destiné au barboteur. Replacez le barboteur pour tenir le sac, plongez le sac à houblon dans la bière et refermez le couvercle. C'est à ce moment qu'il faut être efficace pour laisser le fermenteur ouvert le moins longtemps possible.
- **Les fruits ou autres ajouts :** on peut procéder de la même manière pour des ajouts secs qui laisseront des résidus facilement récupérables tel que l'hibiscus ou le grué de cacao. Pour les fruits entiers également, même si pour ces derniers, la purée mise directement dans la bière est plus pratique. Attention, cela peut apporter des sucres (notamment les fruits) qui sont fermentescibles. Il faudra donc bien attendre que la fermentation de ces sucres soit terminée.

LA CLARIFICATION

Dans tous les cas, le fermenteur doit être manipulé avec précaution pour éviter de remettre en suspension les particules solides. Car il s'agit d'avoir la bière la plus limpide possible en vue du soutirage. Pour clarifier la bière, le froid peut être votre allié. En effet, une fois la fermentation terminée (quand la densité est stable pendant plusieurs jours d'affilée) , les levures « mortes » et les particules, sous l'effet de la gravité, auront tendance à se déposer au fond, mais dans un temps assez long.
Pour accélérer ce phénomène, le fermenteur peut être placé au froid dans ce que l'on appelle le *cold crash*. Pendant 2 ou 3 jours, vous pouvez placer votre fermenteur dans l'endroit le plus frais possible, voire dans un réfrigérateur si vous en avez la possibilité. Plus la température sera basse, meilleure sera la clarification.

LA FERMENTATION DES LAGERS

Elle impose des températures plus basses et est donc moins aisée que la fermentation des ales. Cependant, selon votre budget, votre motivation et votre goût pour ces styles, il est possible de vous équiper d'un réfrigérateur avec régulation de température pour réaliser une fermentation autour de 12 °C puis de laisser maturer la bière à 4 °C. Il leur faut également plus de temps (environ 1 mois) pour laisser leurs arômes s'affiner.

EN RÉSUMÉ

Désinfection à l'alcool

Saupoudrage de la levure

Fermenteur ensemencé

Bière en fermentation

LE CONDITIONNEMENT

Une fois la fermentation terminée et la période de garde passée, votre bière est presque prête à être conditionnée. Presque, car à ce stade du processus, elle est plate. Il va donc falloir amener le CO_2 nécessaire (carbonatation) pour avoir la pétillance désirée, car sans bulles pas de bière. C'est la refermentation en bouteille.

Les levures entrent à nouveau en jeu. On sait qu'elles produisent du CO_2 en assimilant les sucres. À ce stade, il n'y a plus de sucre disponible pour les levures et elles sont endormies. On fait donc un ajout de sucre à la bière pour les réactiver et les remettre au travail. L'expérience vous le dira, mais théoriquement il reste suffisamment de levures pour faire le travail. Si vous voulez être sûr que votre refermentation en bouteille se passe bien, il est possible d'ajouter des levures neutres en goût spécifiquement dédiées à cette étape.

PRÉPARATION DU SUCRE

Encore une fois, il faut que l'ajout de sucre soit fait dans des conditions d'hygiène optimales.

Le plus efficace est de faire un sirop de sucre. Selon la pétillance voulue, il faut ajouter entre 5 et 7 g/L de sucre. Si vous n'en ajoutez pas suffisamment, la bière sera plate, et si vous en ajoutez trop, il y a un risque de surmoussage et vous pourrez vous attendre à de belles surprises de *gushing* (jaillissement), jusqu'à avoir potentiellement un geyser de bière à l'ouverture de la bouteille.

Préparez la bonne quantité de sucre selon le volume final de bière que vous avez dans le fermenteur. Faites bouillir une petite quantité d'eau pendant 5 minutes, ajoutez le sucre et mélangez pour obtenir un sirop homogène. Faites-le refroidir au réfrigérateur pour éviter qu'il ne soit trop chaud au moment de l'ajout.

CARBONATATION FORCÉE ET FÛTS

C'est un moyen de gagner un peu de temps sur le processus, notamment au niveau du conditionnement. Pour éviter l'étape des deux semaines de la refermentation en bouteille, il est possible d'injecter le CO_2 directement dans la bière. Cela permet de gagner du temps et de consommer les bières les plus fraîchement brassées possible (intéressant pour les bières fortement houblonnées). En brassage amateur, les gros inconvénients sont l'investissement nécessaire (achats de fûts pressurisables et accessoires, gestion du CO_2) et la technicité, même si avec un peu de pratique et de conseils, tout est possible !

TRANSFERT DE LA BIÈRE

Une fois le sirop au frais, toujours dans le souci d'avoir la bière la plus claire possible, il est préférable de la transférer dans un autre seau de fermentation. En effet, le fond du fermenteur est tapissé d'une boue composée de levures et autres résidus que l'on ne veut pas retrouver dans la bière finale. Or en ajoutant le sucre, on risque de remuer ces résidus.

Pour le transfert, il est possible d'utiliser un siphon pour éviter de transférer au maximum le fond du fermenteur.

Pour éviter le phénomène d'oxydation, placez le tuyau au fond du seau de destination et maintenez-le en bas pendant le transfert, cela limitera les éclaboussures et les petites gouttes de bières en surface.

Une fois le transfert effectué, vous pouvez ajouter le sirop de sucre refroidi. Versez le sirop en le répartissant à la surface. Refermez le seau. Remuez-le légèrement en le faisant tourner pour bien répartir le sucre et attendez quelques minutes avant de commencer le conditionnement.

LE CHOIX DU CONDITIONNEMENT

La bouteille est le format le plus pratique. Vous pouvez trouver quasiment tous les formats de la 33 cl à la 75 cl, voire des formats encore plus grands tels que le format growler (de 1 à 2,5 L) ou le magnum (1,5 L).

CAPSULE OU BOUCHON MÉCANIQUE ?

Pour le système de fermeture vous avez le choix entre le bouchon mécanique, sans conteste le plus pratique, et la capsule. Pour la capsule, deux formats existent : 26 et 29 mm de diamètre – attention à bien se procurer le format qui correspond à celui de la bouteille ! Vous en trouverez de couleurs différentes ce qui peut être pratique pour l'identification de vos essais. Si vous faites le choix de la capsule, vous devrez vous équiper d'un petit outil appelé capsuleur qui vous permettra de l'apposer et de fermer la bouteille hermétiquement.

← **Capsuleur**

AVANT USAGE

Les bouteilles, comme tout le matériel, doivent être nettoyées et désinfectées. Utilisez un bac de trempage pour laisser tremper vos bouteilles en solution. Le rinçage dépend du produit choisi. Pour laisser sécher les bouteilles avant le conditionnement, on utilise un if. Il permet de faire sécher les bouteilles tête en bas pour éviter que des poussières ne se déposent dedans. Vous aurez compris qu'il est préférable de procéder à ce nettoyage peu de temps avant le conditionnement.

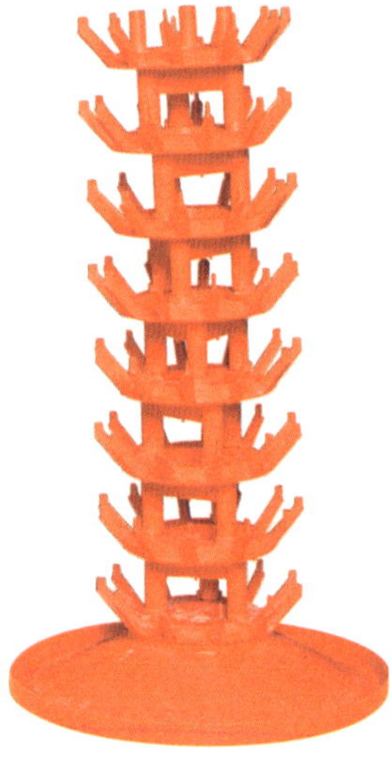

← **If de séchage**

DERNIÈRE ÉTAPE

L'étape ultime du brassage : la patience ! Trois semaines depuis le brassage et il faudra encore attendre le temps que la refermentation en bouteille se termine. Placez les bouteilles au même endroit que le fermenteur pendant la fermentation et attendez encore une quinzaine de jours. Les levures jusqu'alors endormies par l'absence de sucre (et éventuellement par le froid) vont se réveiller par l'effet de la température et consommer le sucre produisant le CO_2 qui va se dissoudre dans la bière.
Au moment de l'ouverture de la bouteille, le CO_2 s'échappe de la bière sous forme de bulles.
Ça y est ! Votre doux breuvage est prêt et il ne reste qu'à déguster le fruit de votre travail et de votre patience.

EN RÉSUMÉ

Resucrage

Transfert

Nettoyage/désinfection des bouteilles par trempage

Remplissage des bouteilles

Capsulage

HYGIÈNE ET CONTRÔLES

Ces deux paramètres ont une importance capitale tout au long du processus, du concassage au conditionnement.

LE NETTOYAGE

Le nettoyage et la désinfection représentent 60 % du temps consacré au brassage.
Le nettoyage consiste à enlever les résidus visibles, les tâches... La désinfection, quant à elle, va éliminer le plus gros de la flore microbienne qui persiste après le nettoyage.

En effet, comme on l'a déjà dit, la bière est protégée des micro-organismes pathogènes, par l'alcool, le pH et même le houblon.
Par contre, d'autres micro-organismes non désirés peuvent avoir un effet catastrophique sur la bière et vous forcer à l'envoyer à l'égout. Ce serait dommage et très rageant après tant de temps passé à la bichonner !

Les étapes de nettoyage ne sont clairement pas les étapes les plus agréables à réaliser, mais elles sont indispensables, concentrer ses efforts dessus est primordial. Un bon nettoyage suffit pour le matériel utilisé avant l'ébullition, notamment la cuve de brassage.
En revanche, tout ce qui est utilisé pour le transfert du moût vers les fermenteurs ainsi que les fermenteurs doivent être désinfectés avec le plus grand soin.

Comme pour les ingrédients, tous les produits nécessaires au nettoyage et à la désinfection sont disponibles sur le marché. Il y en a de différentes sortes sous différentes formes (poudre, liquide...).

QUELQUES PRODUITS DE NETTOYAGE

Il faut choisir parmi tous les produits disponibles en fonction de leur praticité et de leur coût.

- **La soude :** utilisée usuellement dans l'industrie agroalimentaire comme nettoyant en solution chaude, elle est très efficace contre la majorité des résidus. Cependant, elle est très corrosive donc la manipuler n'est pas sans risque. Elle est également très corrosive pour les métaux. Elle doit être suivie par un rinçage à l'acide.
- **L'acide peracétique :** c'est un acide faible au pouvoir oxydant très fort. C'est un désinfectant puissant avec une efficacité qui dure dans le temps (on le dit rémanent). Un des procédés classiques de nettoyage-désinfection en brasserie consiste en un passage de soude (nettoyage des résidus) suivi d'un rinçage à l'acide peracétique (désinfection).
- **Les percarbonates (de soude, de sodium) :** très bonne alternative à la soude, plus sûre, utilisable à froid et surtout double emploi (nettoyante et désinfectante). Ils libèrent de l'oxygène actif qui a une action désinfectante. Ils sont beaucoup utilisés dans le brassage amateur pour cet avantage. Cependant l'action désinfectante est limitée dans le temps, son usage devra être assez proche de l'utilisation du matériel.
- **L'alcalin chloré :** l'avantage de ce produit est qu'il est également à double usage de nettoyage et désinfection. Il est assez pratique d'usage, mais à manipuler avec précaution à la fois pour son côté alcalin, mais également pour le chlore corrosif qu'il contient. Un bon rinçage sera nécessaire.
- **Les acides :** à utiliser à des fréquences moins importantes, ils sont utiles pour détartrer et enlever les résidus minéraux qui peuvent être des sources d'infection, car ces résidus résistent aux traitements de nettoyage. On peut trouver des produits tels que l'acide phosphorique ou le vinaigre blanc (attention cependant à bien le rincer pour éviter les odeurs résiduelles et le goût qu'il peut donner).
- **L'alcool :** utilisez-le pour la désinfection rapide des surfaces. Pratique dans un pulvérisateur pour les plans de travail et les petits accessoires au moment de les manipuler.
- **L'eau bouillante :** elle peut être une possibilité utile. Cependant, il est évident qu'elle n'est pas sans risque et ne convient pas à certaines matières telles que le plastique.

Quelques équipements pratiques pour le nettoyage du matériel :

- écouvillons de toutes tailles,
- brosses,
- éponges, lavettes en microfibres,
- grand bac de trempage pouvant contenir tout le petit matériel et les accessoires, bien utile pour le trempage des bouteilles également,
- pulvérisateur.

Dans tous les cas, il faut veiller à bien lire et respecter les notices et s'équiper de petits équipements de protection (gants pour le contact avec certains produits, lunettes pour les éclaboussures…).

À RETENIR

Les paramètres importants à respecter pour un bon nettoyage sont la concentration, le temps de contact, la température. Ajoutez de l'huile de coude et vous ferez preuve de TACT (voir schéma ci-dessous).

CERCLE DE SINNER[1]

1. Herbert Sinner était un chimiste employé de la société Henkel. En 1959, il a théorisé le nettoyage qui repose sur 4 facteurs : la température, la concentration en produit, le temps d'action et l'action mécanique.

LA TEMPÉRATURE

La température est importante dans le processus de brassage, il faudra donc la vérifier.
Vous aurez besoin d'un thermomètre lors des mesures de densité, qui varie en fonction de la température.

LE PH

Le pH a son importance à diverses étapes : lors de l'empâtage pour une bonne extraction des sucres et lors de la fermentation. Il faudra donc le mesurer et potentiellement le corriger.
Pour le mesurer, vous pouvez utiliser des bandelettes pH ou vous équiper d'un pH-mètre.

pH-mètre

pH lors de l'empâtage :

Pour l'activation des enzymes, il doit être entre 5,2 et 5,6. L'eau du réseau est autour de 7 et l'ajout de malt acidifie le mélange, mais parfois pas assez. Quand le malt a été ajouté et que la maische est homogène, prenez un échantillon de moût et mesurez son pH.
S'il est encore trop haut, on peut ajouter de l'acide lactique ou phosphorique (à usage alimentaire) que vous trouverez sur les sites spécialisés.
Avec l'expérience et les premiers tests, on peut aussi utiliser un malt acide (contenant naturellement de l'acide lactique) en petite quantité (moins de 5 % du mélange).

pH lors de la fermentation :

Une mesure du pH tout au long de la fermentation permettra de vérifier qu'elle se passe bien.
La bière subit une baisse de pH qui suit l'activité de fermentation. Il baissera rapidement au moment de la forte activité des levures pour se stabiliser au cours du temps à des niveaux variables selon les levures utilisées et le pH initial. Il est bien souvent inférieur à 4,5, ce qui a la vertu de protéger la bière d'autres développements bactériens. En revanche, s'il baisse trop (en dessous de 3), cela peut être le signe d'une infection, notamment par des bactéries lactiques.

LE TEST À L'IODE

La teinture d'iode permet de vérifier la présence d'amidon dans une solution. Vous pouvez tester l'efficacité de l'extraction de votre empâtage en vérifiant quelques minutes avant la fin si tout l'amidon présent a été transformé en sucres plus simples.

En pratique :
Prélever quelques millilitres de moût, et y verser quelques gouttes de teinture d'iode. Si vous observez une coloration bleu nuit violet, cela signifie qu'il y a encore de l'amidon. Vous pouvez alors prolonger le temps d'empâtage. S'il n'y a pas de coloration de la solution, vous pouvez considérer que votre empâtage a été efficace et passer à l'étape suivante.

LA DENSITÉ

La densité est la quantité de sucre présent dans votre moût ou votre bière. C'est la mesure que vous réaliserez le plus et son évolution vous permettra de calculer le taux d'alcool en estimant la quantité de sucres que les levures auront consommée. Elle se mesure en densité spécifique ou degré Plato (°P). La densité spécifique est une mesure qui indique à quel point un matériau est plus ou moins dense que l'eau dont la densité spécifique est 1000 ou 1,000.
Le degré Plato, quant à lui, est une unité de mesure spécifique à la bière inventée en 1900 par le docteur Fritz Plato, un chimiste allemand. 1°P représente 1 g de matière sèche soluble (le sucre) pour 100 g de moût. Vous trouverez aisément de petits outils pour passer d'une unité à l'autre.

Ce paramètre est mesuré tout au long du brassage et plusieurs outils vous permettront de le mesurer.

- **Le densimètre :** le plus simple et économique. C'est une sorte de flotteur que l'on plonge dans le moût. Il est lesté pour rester à la verticale et gradué en °P ou en densité spécifique, ou les deux. Il est bien souvent muni d'un thermomètre, car la densité varie avec la température. On se base sur la densité à 20 °C, mais il existe des tables de conversion pour mesurer le moût chaud et ainsi éviter de le refroidir. Vous aurez besoin d'une éprouvette et du densimètre pour prendre les mesures.
- **Le réfractomètre :** c'est un outil optique un peu plus onéreux permettant la mesure de densité en densité spécifique ou en degrés Brix (une autre échelle du taux de sucre, plus utilisée en cuisine et en pâtisserie).
- **Les densimètres ou réfractomètres digitaux :** beaucoup plus chers, ils permettent une lecture numérique et, pour les plus perfectionnés, des enregistrements de vos mesures.

LA DENSITÉ DOIT ÊTRE MESURÉE À DIFFÉRENTS MOMENTS DU BRASSAGE :

- **La densité avant ébullition** donne une indication sur l'efficacité du brassage et permet de vérifier que vous avez extrait assez de sucres tel que la recette l'indique. Si ce n'est pas le cas, vous pouvez corriger en ajoutant du sucre pendant l'ébullition.
- **La densité originale** (ou DO ou OG pour *original gravity*). Elle donne la densité en fin d'ébullition juste avant la fermentation. C'est la quantité de sucre que vous allez donner à vos levures. Elle constitue un point de départ pour évaluer le futur travail des levures. À mesurer sur le moût refroidi pour une meilleure précision.
- **La densité finale** est la densité de la bière à la fin de la fermentation. Comparer les densités originale et finale permet d'estimer les quantités de sucre qui ont été consommées par les levures et ainsi estimer le taux d'alcool. Ce calcul peut être fait avec des calculateurs que vous trouverez facilement en ligne. Cette densité finale permet également de connaître la quantité de sucres résiduels (non fermentescibles) et donne une indication sur la sucrosité de votre bière.
- **Pendant la fermentation :** pour vérifier que la fermentation se passe bien, il est intéressant de vérifier la densité au début pour en vérifier la chute (même si les remous du barboteur donnent un premier indice). Cette mesure permet de s'assurer également que la fermentation est bien terminée. En effet, au bout d'une semaine environ, la densité ne bouge plus et reste stable pendant quelques jours. Cela indique que les levures ont consommé tout le sucre disponible. À nouveau, attention à bien réaliser les prélèvements de façon hygiénique (pensez au pulvérisateur d'alcool).

EN RÉSUMÉ

Mesure de pH

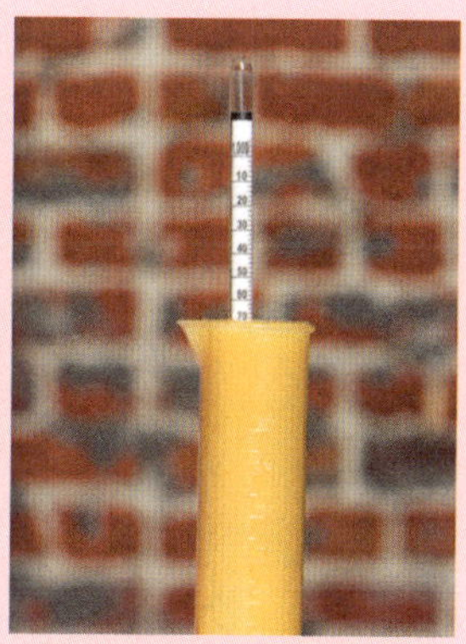

Mesure de densité : remplissez l'éprouvette de votre échantillon de moût, plongez le densimètre dedans. La poussée d'Archimède fait son travail et le densimètre se stabilise à une certaine hauteur. Il ne reste plus qu'à lire la valeur indiquée.

EN RÉSUMÉ

LE MATÉRIEL UTILE AU BRASSAGE

LES INSTRUMENTS DE MESURE

Bandelettes ou pH-mètre

Densimètre

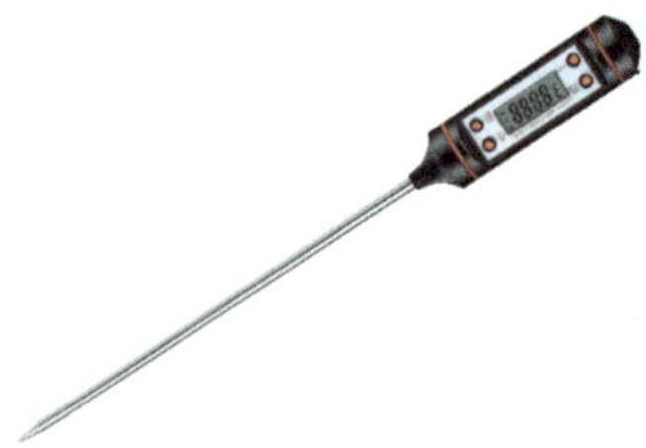
Thermomètre

LE CONCASSAGE

Moulin à malt

LE BRASSAGE

Cuve de brassage

Cuve de brassage électrique

Fourquet ou spatule

LE REFROIDISSEMENT

Serpentin

Refroidisseur à plaques

LA FERMENTATION

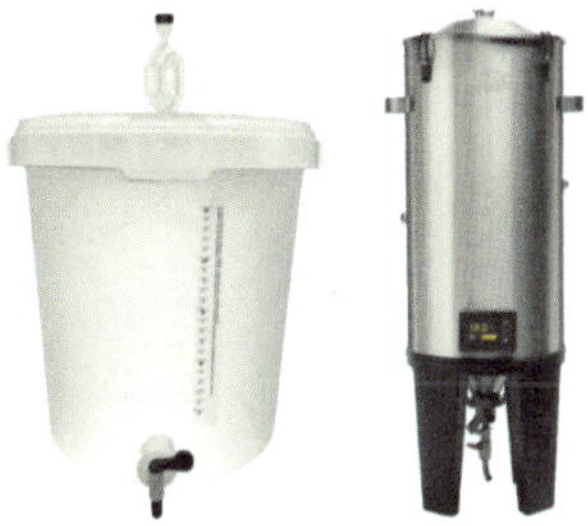

Fermenteurs

Dame-jeanne

Barboteur

LE CONDITIONNEMENT ET LE TRANSFERT

Seau
de resucrage

Canne
de soutirage

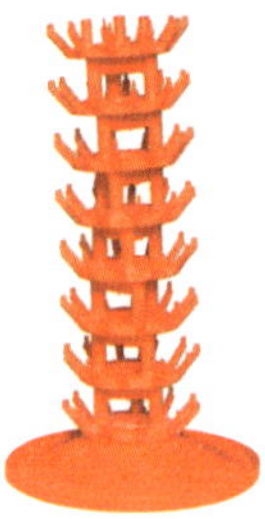

If

Bouteilles

Capsuleur

Siphon
et tuyau

LES ACCESSOIRES

Bac de trempe

Brosses

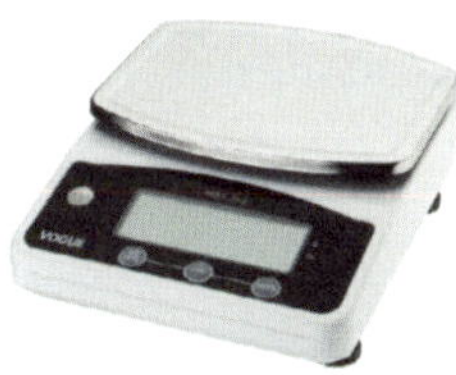

Balance de cuisine

Sac à houblon

Saladier ou bol pour le dosage
des différents ingrédients

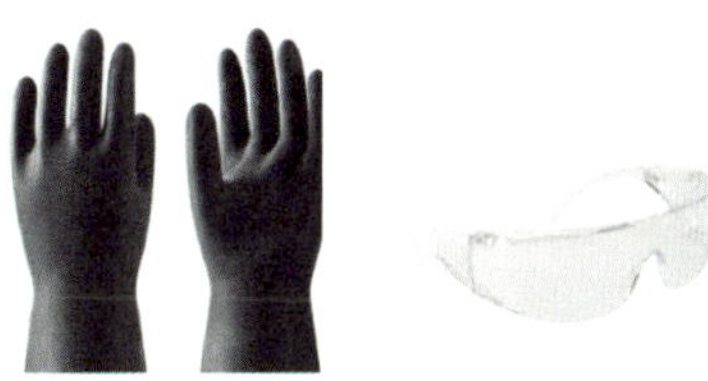

Équipements de protection

DES RECETTES DE BIÈRE À FAIRE CHEZ SOI

Voici quelques recettes issues de l'imagination de nos brasseurs. Vous trouverez ci-contre la fiche recette type ou comment lire les recettes qui suivent avec une explication pour chaque paramètre.

PARAMÈTRES DE LA RECETTE

DENSITÉ INITIALE : calculée selon l'efficacité du matériel à extraire les sucres présents dans le malt. Ici les calculs sont basés sur une efficacité à 70 %. Valeur en densité spécifique /°P.

DENSITÉ FINALE : c'est la faculté de la levure à consommer les sucres. Calcul théorique basé sur l'atténuation théorique de la levure. Valeur en densité spécifique /°P.

TAUX D'ALCOOL VISÉ : calcul basé sur la différence entre la densité initiale et la densité finale.

ÉCHELLE IBU

1-18	18-36	36-54	54-72	72-90

Calculé en fonction des quantités de houblon, des taux d'acides alpha ainsi que le moment des ajouts.

EBC : ÉCHELLE DE COULEURS

Calculée en fonction des quantités et de la couleur de chaque malt utilisé.

4 EBC	16 EBC	25 EBC	40 EBC	70 EBC	130 EBC
Paille	Blonde	Rousse	Cuivrée	Brune	Noire

EMPÂTAGE

VOL. D'EAU : quantité d'eau à mélanger au grain : ratio 3 pour 1

PH CIBLE : à mesurer et ajuster en début d'empâtage pour être sur la cible

DURÉE / TEMPÉRATURE : barème temps et température de cuisson

QUANTITÉ DE MALT

Mélange de grains concassés nécessaire à l'empâtage.

MASH OUT

On fait monter la température du mélange eau-grain (la maische) à 78 °C pendant 5 minutes pour stopper toute activité enzymatique.

ÉBULLITION

Liste des variétés de houblon et autres ingrédients à ajouter à la cuisson.
Bien vérifier les taux d'acides alpha pouvant varier selon les fournisseurs et récoltes.

FERMENTATION

Quantité et type de levure. Température idéale à titre indicatif.

DRY HOPPING

Liste des variétés de houblon et autres ingrédients à ajouter pendant la fermentation.

CONDITIONNEMENT

Quantité de sucre à ajouter en fonction du volume final de bière.

NEW QUEEN IN TOWN

Cette pale ale version US est notre reine à nous. Ni trop forte, ni pas assez. Avec une amertume qu'on oublie très vite. Juste comme il faut.

NEW QUEEN IN TOWN

POUR 20 L

PARAMÈTRES DE LA RECETTE

DENSITÉ INITIALE : 1,044 / 11,1 °P (basé sur efficacité 68 %)

DENSITÉ FINALE : 1,008 / 2,1 °P

TAUX D'ALCOOL VISÉ : 4,8 %

ÉCHELLE IBU

1-18 | 18-36 (20) | 36-54 | 54-72 | 72-90

EBC : 12

4 EBC	16 EBC	25 EBC	40 EBC	70 EBC	130 EBC
Paille	Blonde	Rousse	Cuivrée	Brune	Noire

EMPÂTAGE

VOL. D'EAU : 13 L | PH CIBLE : 5,4 | DURÉE : 1 h | TEMPÉRATURE : 65 °C

QUANTITÉ DE MALT

Malt Pilsen	3,4 kg
Malt de blé	0,5 kg
Malt d'avoine	0,24 kg
Malt Crystal (150 EBC)	0,1 kg

MASH OUT

Durée : 5 min

Température : 78 °C

ÉBULLITION

Durée : 60 min

Température : 100 °C

HOUBLON	AC ALPHA	QUANTITÉ	MOMENT DE L'AJOUT
Centennial	9,4 %	16 g	Whirlpool/fin d'ébullition
Ekuanot	14 %	6 g	Whirlpool/fin d'ébullition

FERMENTATION

LEVURE : US05 ou levure neutre équivalente, 11,5 g

TEMPÉRATURE IDÉALE : 24 °C

DRY HOPPING

HOUBLON	QUANTITÉ	MOMENT DE L'AJOUT
Centennial	72 g	Fin de fermentation (5 jours)
Ekuanot	72 g	Fin de fermentation (5 jours)

CONDITIONNEMENT

Ajout de 5 g/L de sucre (ajouté sur le degré d'alcool final)

YANKEE TROUBLE

IPA 3.0. WELCOME TO THE FUTURE. DRINK A NEIPA. SAVE A YANKEE.

ATTENTION,
STYLE TRÈS SENSIBLE
À L'OXYDATION !

LA BIÈRE QUI SE BRASSE
AU FOND DU GARAGE AVEC
UN MATCH DE BASEBALL.

YANKEE TROUBLE

POUR 20 L

PARAMÈTRES DE LA RECETTE

DENSITÉ INITIALE : 1,065 / 15,9 °P (basé sur efficacité 68 %)

DENSITÉ FINALE : 1,016 / 4,1 °P

TAUX D'ALCOOL VISÉ : 6,5 %

ÉCHELLE IBU

1-18 | 20 18-36 (sélectionné) | 36-54 | 54-72 | 72-90

EBC : 9

4 EBC Paille | 16 EBC Blonde | 25 EBC Rousse | 40 EBC Cuivrée | 70 EBC Brune | 130 EBC Noire

(repère EBC : 9, entre 4 EBC et 16 EBC)

EMPÂTAGE

VOL. D'EAU : 19 L | PH CIBLE : 5,4 | DURÉE : 1 h | TEMPÉRATURE : 69 °C

QUANTITÉ DE MALT

Malt Pilsen	4,8 kg
Flocons d'avoine	0,8 kg
Malt de blé	0,8 kg

MASH OUT

Durée : 5 min
Température : 78 °C

ÉBULLITION

Durée : 60 min

Température : 100 °C

HOUBLON	AC ALPHA	QUANTITÉ	MOMENT DE L'AJOUT
Citra	14,4 %	12 g	Whirlpool/fin d'ébullition
Mosaïc	12 %	28 g	Whirlpool/fin d'ébullition

FERMENTATION

LEVURE : Saturated London III, 11,5 g
TEMPÉRATURE IDÉALE : 22 °C

DRY HOPPING

HOUBLON	QUANTITÉ	MOMENT DE L'AJOUT
Citra T90	60 g	50 % de l'atténuation atteinte (2-3 jours)
Mosaïc T90	120 g	50 % de l'atténuation atteinte (2-3 jours)
Amarillo T90	120 g	50 % de l'atténuation atteinte (2-3 jours)
Citra T90	30 g	50 % de l'atténuation atteinte (2-3 jours)
Mosaïc T90	60 g	50 % de l'atténuation atteinte (2-3 jours)
Amarillo T90	30 g	50 % de l'atténuation atteinte (2-3 jours)

CONDITIONNEMENT

Ajout de 5 g/L de sucre (ajout sur le degré d'alcool final)

LA BAGARRE

Ça tape et ça envoie du houblon. Pour ceux qui les aiment fortes et amères.

BRASSER AVEC DES GANTS DE BOXE POUR LE DÉFI ULTIME.

LA BAGARRE

POUR 20 L

PARAMÈTRES DE LA RECETTE

DENSITÉ INITIALE : 1,080 / 19,2 °P (basé sur efficacité 68 %)

DENSITÉ FINALE : 1,021 / 5,4 °P

TAUX D'ALCOOL VISÉ : 7,7 %

ÉCHELLE IBU

1-18 | 18-36 | **44** 36-54 | 54-72 | 72-90

EBC : 9

4 EBC	16 EBC	25 EBC	40 EBC	70 EBC	130 EBC
Paille	Blonde	Rousse	Cuivrée	Brune	Noire

EMPÂTAGE

VOL. D'EAU : 19 L | PH CIBLE : 5,5 | DURÉE : 1 h | TEMPÉRATURE : 66 °C

QUANTITÉ DE MALT

Malt Pilsen	6,6 kg
Flocons d'avoine	0,3 kg
Malt de blé	0,7 kg

MASH OUT

Durée : 5 min
Température : 78 °C

ÉBULLITION

Durée : 60 min

Température : 100 °C

HOUBLON	AC ALPHA	QUANTITÉ	MOMENT DE L'AJOUT
Columbus	14,5 %	9 g	60 min d'ébullition
Citra	14,4 %	6 g	10 min d'ébullition
Mosaïc	12 %	6 g	10 min d'ébullition
Citra	14,4 %	20 g	Whirlpool/fin d'ébullition
Mosaïc	12 %	20 g	Whirlpool/fin d'ébullition

FERMENTATION

LEVURE : Saturated, 11,5 g
TEMPÉRATURE IDÉALE : 22 °C

DRY HOPPING

HOUBLON	QUANTITÉ	MOMENT DE L'AJOUT
Citra T90	160 g	Fin de fermentation (5 jours)
Mosaïc T90	80 g	Fin de fermentation (5 jours)

CONDITIONNEMENT

Ajout de 5 g/L de sucre (ajouté sur le degré d'alcool final)

SHINY HOPPY

Brillante comme un diamant. Taillée dans le houblon.
Direction le coucher de soleil à Dunkerque avec cette IPA. Show must go on!

SHINY HOPPY

POUR 20 L

PARAMÈTRES DE LA RECETTE

DENSITÉ INITIALE : 1,058 / 14,3 °P (basé sur efficacité 68 %)

DENSITÉ FINALE : 1,013 / 3,2 °P

TAUX D'ALCOOL VISÉ : 6 %

ÉCHELLE IBU

1-18 | **24** 18-36 | 36-54 | 54-72 | 72-90

EBC : 9

4 EBC | 16 EBC | 25 EBC | 40 EBC | 70 EBC | 130 EBC

Paille | Blonde | Rousse | Cuivrée | Brune | Noire

EMPÂTAGE

VOL. D'EAU : 17 L | PH CIBLE : 5,4 | DURÉE : 1 h | TEMPÉRATURE : 65 °C

QUANTITÉ DE MALT

Malt Pilsen	5,4 kg
Malt Crystal	0,1 kg

MASH OUT

Durée : 5 min

Température : 78 °C

ÉBULLITION

Durée : 60 min

Température : 100 °C

HOUBLON	AC ALPHA	QUANTITÉ	MOMENT DE L'AJOUT
Magnum	16,9 %	9 g	60 min d'ébullition
El Dorado	15 %	9 g	Whirlpool/fin d'ébullition
Mosaïc	12 %	9 g	Whirlpool/fin d'ébullition

FERMENTATION

LEVURE : US05, 11,5 g

TEMPÉRATURE IDÉALE : 24 °C

DRY HOPPING

HOUBLON	QUANTITÉ	MOMENT DE L'AJOUT
El Dorado T90	120 g	Fin de fermentation (5 jours)
Mosaïc T90	120 g	Fin de fermentation (5 jours)

CONDITIONNEMENT

Ajout de 5 g/L de sucre (ajouté sur le degré d'alcool final)

UNDER ACID

Les Allemands les aiment fraîches, légères, fruitées et acidulées.
BRIQUE QUALITÄT.

Attention, le glucose est le sucre qui permet d'acidifier et une partie de la densité finale n'est plus du sucre mais de l'acide lactique.

UNDER ACID

POUR 20 L

PARAMÈTRES DE LA RECETTE

DENSITÉ INITIALE : 1,051 / 12,6 °P (basé sur efficacité 68 %)

DENSITÉ FINALE : 1,017 / 4,4 °P

TAUX D'ALCOOL VISÉ : 4,5 %

ÉCHELLE IBU

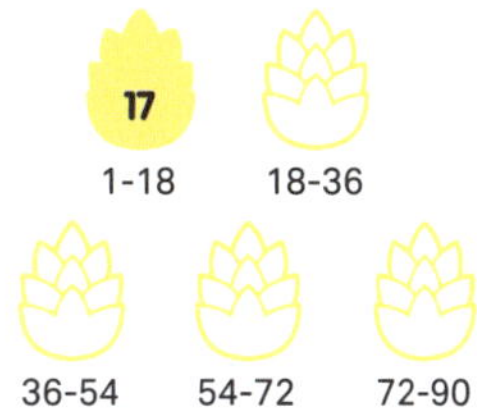

EBC : 36

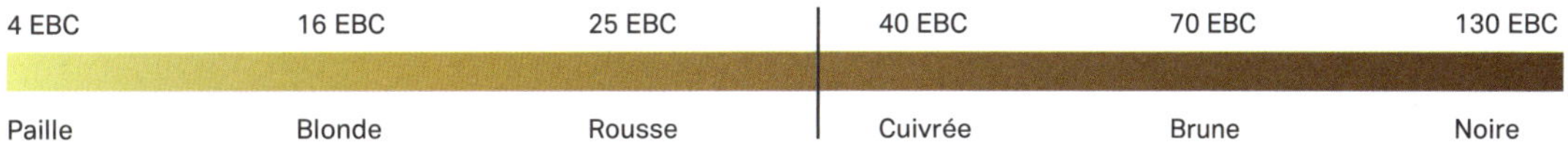

EMPÂTAGE

VOL. D'EAU : 15 L	PH CIBLE : 5,6	DURÉE : 15 min	TEMPÉRATURE : 55 °C
		DURÉE : 45 min	TEMPÉRATURE : 66 °C

QUANTITÉ DE MALT

Malt Pilsen	3,6 kg
Malt de blé	1,2 kg

MASH OUT

Durée : 5 min

Température : 78 °C

ÉBULLITION

Durée : 60 min

Température : 100 °C

HOUBLON	AC ALPHA	QUANTITÉ	MOMENT DE L'AJOUT
Magnum	16,9 %	9 g	60 min d'ébullition

FERMENTATION

LEVURE : Jazz, 11,5 g

TEMPÉRATURE IDÉALE : 27 °C

AJOUT DES FRUITS

	QUANTITÉ	MOMENT DE L'AJOUT
Groseille	500 g	Fin de fermentation (5 jours)
Cranberries	500 g	Fin de fermentation (5 jours)
Cassis	500 g	Fin de fermentation (5 jours)
Jus de citron vert	50 g	Fin de fermentation (5 jours)

CONDITIONNEMENT

Ajout de 5 g/L de sucre (ajouté sur le degré d'alcool final)

MICK LAGER

Électrisante et impertinente, le blues de la lager à l'état pur !
You can't always get what you want.
Par contre celle-ci, pour une fois, est vraiment méritée !

MICK LAGER

POUR 20 L

PARAMÈTRES DE LA RECETTE

DENSITÉ INITIALE : 1,049 / 12 °P (basé sur efficacité 68 %)

DENSITÉ FINALE : 1,009 / 2,3 °P

TAUX D'ALCOOL VISÉ : 5,2 %

ÉCHELLE IBU

18

1-18 | 18-36 | 36-54 | 54-72 | 72-90

EBC : 7,5

4 EBC	16 EBC	25 EBC	40 EBC	70 EBC	130 EBC
Paille	Blonde	Rousse	Cuivrée	Brune	Noire

EMPÂTAGE

VOL. D'EAU : 15 L | PH CIBLE : 5,4 | DURÉE : 1 h | TEMPÉRATURE : 65 °C

QUANTITÉ DE MALT

Malt Pilsen	4,3 kg
Malt Munich (EBC)	0,3 kg

MASH OUT

Durée : 5 min

Température : 78 °C

ÉBULLITION

Durée : 60 min — Température : 100 °C

HOUBLON	AC ALPHA	QUANTITÉ	MOMENT DE L'AJOUT
Mandarina Bavaria	9 %	40 g	60 min d'ébullition

FERMENTATION

LEVURE : Hip-Hop, 11,5 g

TEMPÉRATURE IDÉALE : 22 °C

CONDITIONNEMENT

Ajout de 5 g/L de sucre (ajouté sur le degré d'alcool final)

SUPER CORON

Au nord, c'étaient les corons.
La terre, c'était le charbon.
Le ciel, c'était le houblon.
Les hommes, des brasseurs de blonde.

MAILLOT DU RC LENS ET FRITES FRICADELLES, VOUS Y ÊTES !

SUPER CORON

POUR 20 L

PARAMÈTRES DE LA RECETTE

DENSITÉ INITIALE : 1,052 / 12,8 °P (basé sur efficacité 68 %)

DENSITÉ FINALE : 1,006 / 1,6 °P

TAUX D'ALCOOL VISÉ : 6 %

ÉCHELLE IBU

20

1-18 | 18-36 | 36-54 | 54-72 | 72-90

EBC : 9

4 EBC	16 EBC	25 EBC	40 EBC	70 EBC	130 EBC
Paille	Blonde	Rousse	Cuivrée	Brune	Noire

EMPÂTAGE

VOL. D'EAU : 15 L | PH CIBLE : 5,4 | DURÉE : 1 h | TEMPÉRATURE : 65 °C

QUANTITÉ DE MALT

Malt Pilsen	4,5 kg
Malt Munich	0,4 kg

MASH OUT

Durée : 5 min

Température : 78 °C

ÉBULLITION

Durée : 60 min

Température : 100 °C

HOUBLON	AC ALPHA	QUANTITÉ	MOMENT DE L'AJOUT
Magnum	16,9 %	7 g	60 min d'ébullition
Cascade des Flandres	5 %	20 g	Whirlpool/fin d'ébullition

FERMENTATION

LEVURE : Nottingham, 11,5 g

TEMPÉRATURE IDÉALE : 22 °C

CONDITIONNEMENT

Ajout de 5 g/L de sucre (ajouté sur le degré d'alcool final)

TRIPLE CHUC

Bienvenue chez les Ch'tis ! Une triple brassée à la vergeoise de ch'Nord.
Les bouches à chuques n'ont qu'à bien se tenir.

Pour un max d'aromatique, ajouter les houblons au *whirlpool* en dessous de 90 °C.

TRIPLE CHUC

POUR 20 L

PARAMÈTRES DE LA RECETTE

DENSITÉ INITIALE : 1,072 / 17,5 °P (basé sur efficacité 68 %)

DENSITÉ FINALE : 1,012 / 3 °P

TAUX D'ALCOOL VISÉ : 8 %

ÉCHELLE IBU

1-18 | **24** 18-36 | 36-54 | 54-72 | 72-90

EBC : 13

4 EBC	16 EBC	25 EBC	40 EBC	70 EBC	130 EBC
Paille	Blonde	Rousse	Cuivrée	Brune	Noire

EMPÂTAGE

VOL. D'EAU : 19 L | PH CIBLE : 5,4 | DURÉE : 30 min | TEMPÉRATURE : 62 °C
DURÉE : 30 min | TEMPÉRATURE : 69 °C

QUANTITÉ DE MALT

Malt Pilsen	5,5 kg
Malt de blé	0,5 kg
Malt Aroma (EBC)	0,45 kg
Vergeoise	0,3 kg (ajouté à l'ébullition)

MASH OUT

Durée : 5 min

Température : 78 °C

ÉBULLITION

Durée : 60 min

Température : 100 °C

HOUBLON	AC ALPHA	QUANTITÉ	MOMENT DE L'AJOUT
Magnum	16,9 %	4 g	60 min d'ébullition
Vergeoise		300 g	15 min d'ébullition
WP Elixir	9,6 %	18 g	Whirlpool/fin d'ébullition
WP Barbe Rouge	11 %	18 g	Whirlpool/fin d'ébullition

FERMENTATION

LEVURE : BE-256, 11,5 g

TEMPÉRATURE IDÉALE : 24 °C

CONDITIONNEMENT

Ajout de 5 g/L de sucre (ajouté sur le degré d'alcool final)

NINETIES

Retour vers le futur avec cette true old school IPA des années 1990.

LA BIÈRE PRÉFÉRÉE DE LA PROD ! ATTACHE TA CEINTURE, TU MONTES AVEC COLIN MCRAE !

NINETIES

POUR 20 L

PARAMÈTRES DE LA RECETTE

DENSITÉ INITIALE : 1,056 / 13,7 °P (basé sur efficacité 68 %)

DENSITÉ FINALE : 1,010 / 2,6 °P

TAUX D'ALCOOL VISÉ : 6 %

ÉCHELLE IBU

1-18 | 18-36 | 36-54 (37) | 54-72 | 72-90

EBC : 12

4 EBC | 16 EBC | 25 EBC | 40 EBC | 70 EBC | 130 EBC

Paille | Blonde | Rousse | Cuivrée | Brune | Noire

EMPÂTAGE

VOL. D'EAU : 16 L | PH CIBLE : 5,4 | DURÉE : 1 h | TEMPÉRATURE : 67 °C

QUANTITÉ DE MALT

Malt Pilsen	4,75 kg
Malt de blé	0,25 kg
Malt Crystal	0,25 kg

MASH OUT

Durée : 5 min

Température : 78 °C

ÉBULLITION

Durée : 60 min

Température : 100 °C

HOUBLON	AC ALPHA	QUANTITÉ	MOMENT DE L'AJOUT
Magnum	16,9 %	13 g	60 min d'ébullition
Amarillo	7,7 %	18 g	Whirlpool/fin d'ébullition
Simcoe	11,8 %	26 g	Whirlpool/fin d'ébullition

FERMENTATION

LEVURE : US-05, 11,5 g

TEMPÉRATURE IDÉALE : 24 °C

DRY HOPPING

HOUBLON	QUANTITÉ	MOMENT DE L'AJOUT
Amarillo T90	80 g	Fin de fermentation (5 jours)
Simcoe T90	160 g	Fin de fermentation (5 jours)
Columbus T90	80 g	Fin de fermentation (5 jours)

CONDITIONNEMENT

Ajout de 5 g/L de sucre (ajouté sur le degré d'alcool final)

L'AMÈRE DU NORD

On l'appelle « all day IPA », qu'on veut boire, toujours, partout, encore et encore.

EXPÉ N° 2
ANNÉE 2020

CRI DE MOUETTES
POUR L'AMBIANCE !

L'AMÈRE DU NORD

POUR 20 L

PARAMÈTRES DE LA RECETTE

DENSITÉ INITIALE : 1,058 / 14,3 °P (basé sur efficacité 68 %)

DENSITÉ FINALE : 1,013 / 3,3 °P

TAUX D'ALCOOL VISÉ : 5,6 %

ÉCHELLE IBU

1-18 | 18-36 | **37** 36-54 | 54-72 | 72-90

EBC : 12

4 EBC | 16 EBC | 25 EBC | 40 EBC | 70 EBC | 130 EBC

Paille | Blonde | Rousse | Cuivrée | Brune | Noire

EMPÂTAGE

VOL. D'EAU : 15 L | PH CIBLE : 5,4 | DURÉE : 1 h | TEMPÉRATURE : 66 °C

QUANTITÉ DE MALT

Malt Pilsen	4,7 kg
Malt Torrefied Wheat	0,15 kg
Sucre (type dextrose)	0,25 kg (ajouter à l'ébullition)

MASH OUT

Durée : 5 min

Température : 78 °C

ÉBULLITION

Durée : 60 min

Température : 100 °C

HOUBLON	AC ALPHA	QUANTITÉ	MOMENT DE L'AJOUT
Idaho 7	11,1 %	6 g	10 min d'ébullition
Mosaïc	12 %	6 g	10 min d'ébullition
Columbus	13,9 %	5 g	10 min d'ébullition
Sucre		250 g	10 min d'ébullition
Idaho 7	11,1 %	17 g	Whirlpool/fin d'ébullition
Mosaïc	12 %	17 g	Whirlpool/fin d'ébullition
Columbus	13,9 %	16 g	Whirlpool/fin d'ébullition

FERMENTATION

LEVURE : London Fog WLP066, 70 ml | TEMPÉRATURE IDÉALE : 22 °C

DRY HOPPING

HOUBLON	QUANTITÉ	MOMENT DE L'AJOUT
Idaho 7 T90	12 g	50 % de l'atténuation atteinte (2-3 jours)
Mosaïc T90	12 g	50 % de l'atténuation atteinte (2-3 jours)
Columbus T90	12 g	50 % de l'atténuation atteinte (2-3 jours)
Idaho 7 T90	12 g	Fin de fermentation (5 jours)
Mosaïc T90	12 g	Fin de fermentation (5 jours)
Columbus T90	12 g	Fin de fermentation (5 jours)

CONDITIONNEMENT

Ajout de 5 g/L de sucre (ajouté sur le degré d'alcool final)

CHATEAU BINOUZE

C'est la saison des binouzes, ou la binouze de saison, bref c'est la saison. Au goulot !

Y'A PLUS DE SAISON COMME DISENT LES ANCIENS, MAIS QUAND MÊME !

Attention à la filtration avec les malts spéciaux, ajout de balles de riz possible.

CHATEAU BINOUZE

POUR 20 L

PARAMÈTRES DE LA RECETTE

DENSITÉ INITIALE : 1,050 / 12,4 °P (basé sur efficacité 68 %)

DENSITÉ FINALE : 1,009 / 2,3 °P

TAUX D'ALCOOL VISÉ : 5,5 %

ÉCHELLE IBU

26

1-18 | 18-36 | 36-54 | 54-72 | 72-90

EBC : 6

4 EBC | 16 EBC | 25 EBC | 40 EBC | 70 EBC | 130 EBC

Paille | Blonde | Rousse | Cuivrée | Brune | Noire

EMPÂTAGE

VOL. D'EAU : 15 L	PH CIBLE : 5,4	DURÉE : 15 min	TEMPÉRATURE : 55 °C
		DURÉE : 20 min	TEMPÉRATURE : 62 °C
		DURÉE : 25 min	TEMPÉRATURE : 69 °C

QUANTITÉ DE MALT

Malt Pilsen	2,8 kg
Malt de blé	0,5 kg
Flocons d'avoine	0,5 kg
Épeautre	0,5 kg
Seigle	0,5 kg

MASH OUT

Durée : 5 min

Température : 78 °C

ÉBULLITION

Durée : 60 min

Température : 100 °C

HOUBLON	AC ALPHA	QUANTITÉ	MOMENT DE L'AJOUT
Magnum	16,9 %	12 g	60 min d'ébullition
Athanum	6 %	30 g	Whirlpool/fin d'ébullition

FERMENTATION

LEVURE : Lallemand Hybrid saison, 11,5 g

TEMPÉRATURE IDÉALE : 28 °C

CONDITIONNEMENT

Ajout de 5 g/L de sucre (ajouté sur le degré d'alcool final)

FOUDRE TROPICALE

Bienvenue à Galaswinda. Darla dirladada. Y'a du soleil et des ananas. Boucle-la ! Décollage immédiat.

Ajouter du sucre pour atteindre la densité souhaitée.

FOUDRE TROPICALE

POUR 20 L

PARAMÈTRES DE LA RECETTE

DENSITÉ INITIALE : 1,073 / 17,7 °P (basé sur efficacité 68 %)

DENSITÉ FINALE : 1,020 / 5,1 °P

TAUX D'ALCOOL VISÉ : 7 %

ÉCHELLE IBU

1-18 | **20** (18-36) | 36-54 | 54-72 | 72-90

EBC : 9

4 EBC	16 EBC	25 EBC	40 EBC	70 EBC	130 EBC
Paille	Blonde	Rousse	Cuivrée	Brune	Noire

EMPÂTAGE

VOL. D'EAU : 15 L | PH CIBLE : 5,6 | DURÉE : 1 h | TEMPÉRATURE : 68 °C

QUANTITÉ DE MALT

Malt Pilsen	5,6 kg
Flocons d'avoine	0,7 kg
Malt d'avoine	0,3 kg
Cara Gold	0,3 kg

MASH OUT

Durée : 5 min
Température : 78 °C

ÉBULLITION

Durée : 60 min

Température : 100 °C

HOUBLON	AC ALPHA	QUANTITÉ	MOMENT DE L'AJOUT
Athanum	6 %	40 g	Whirlpool/fin d'ébullition
Sabro	14 %	10 g	Whirlpool/fin d'ébullition

FERMENTATION

LEVURE : London Fog WLP066, 70 ml
TEMPÉRATURE IDÉALE : 22 °C

DRY HOPPING

HOUBLON	QUANTITÉ	MOMENT DE L'AJOUT
Sabro T90	80 g	Fin de fermentation (5 jours)
HBC472 T90	80 g	Fin de fermentation (5 jours)
Loral T90	80 g	50 % de l'atténuation atteinte (2-3 jours)
HBC472 T90	80 g	50 % de l'atténuation atteinte (2-3 jours)

CONDITIONNEMENT

Ajout de 5 g/L de sucre (ajouté sur le degré d'alcool final)

COMME UN LUNDI

Vous tenez dans la main votre bière d'été. Elle ne garde de sa grande sœur l'IPA qu'une très fine amertume. La légèreté, dans une bière.

COMME UN LUNDI

POUR 20 L

PARAMÈTRES DE LA RECETTE

DENSITÉ INITIALE : 1,041 / 10,1 °P (basé sur efficacité 68 %)

DENSITÉ FINALE : 1,011 / 2,7 °P

TAUX D'ALCOOL VISÉ : 3,9 %

ÉCHELLE IBU

1-18 | 20 18-36 | 36-54 | 54-72 | 72-90

EBC : 8

4 EBC	16 EBC	25 EBC	40 EBC	70 EBC	130 EBC
Paille	Blonde	Rousse	Cuivrée	Brune	Noire

EMPÂTAGE

VOL. D'EAU : 15 L | PH CIBLE : 5,4 | DURÉE : 1 h | TEMPÉRATURE : 67 °C

QUANTITÉ DE MALT

Malt Pilsen	3,6 kg
Malt Torrefied Wheat	0,9 kg

MASH OUT

Durée : 5 min
Température : 78 °C

ÉBULLITION

Durée : 60 min — Température : 100 °C

HOUBLON	AC ALPHA	QUANTITÉ	MOMENT DE L'AJOUT
Amarillo	8,6 %	5 g	10 min d'ébullition
Citra	12,8 %	4 g	10 min d'ébullition
Centennial	9,4 %	5 g	10 min d'ébullition
Amarillo	8,6 %	25 g	Whirlpool/fin d'ébullition
Citra	12,8 %	20 g	Whirlpool/fin d'ébullition
Centennial	9,4 %	25 g	Whirlpool/fin d'ébullition

FERMENTATION

LEVURE : London Fog WLP066, 70 ml
TEMPÉRATURE IDÉALE : 18 °C

DRY HOPPING

HOUBLON	QUANTITÉ	MOMENT DE L'AJOUT
Amarillo T90	120 g	Fin de fermentation (5 jours)
Citra T90	120 g	Fin de fermentation (5 jours)
Centennial T90	120 g	Fin de fermentation (5 jours)

CONDITIONNEMENT

Ajout de 5 g/L de sucre (ajouté sur le degré d'alcool final)

LA FRENCH

I'm fine, sweet and elegant, maybe slightly arrogant.
I'm French, dude, try me.

Faire bouillir l'hibiscus quelques minutes pour le désinfecter.

LA FRENCH

POUR 20 L

PARAMÈTRES DE LA RECETTE

DENSITÉ INITIALE : 1,056 / 13,7 °P (basé sur efficacité 68 %)

DENSITÉ FINALE : 1,013 °P

TAUX D'ALCOOL VISÉ : 5,5 %

ÉCHELLE IBU

10

1-18 | 18-36 | 36-54 | 54-72 | 72-90

EBC : 8

4 EBC	16 EBC	25 EBC	40 EBC	70 EBC	130 EBC
Paille	Blonde	Rousse	Cuivrée	Brune	Noire

EMPÂTAGE

VOL. D'EAU : 16 L | PH CIBLE : 5,5 | DURÉE : 1 h | TEMPÉRATURE : 66 °C

QUANTITÉ DE MALT

Malt Pilsen	5 kg
Torrefied Wheat	0,2 kg

MASH OUT

Durée : 5 min

Température : 78 °C

ÉBULLITION

Durée : 60 min

Température : 100 °C

HOUBLON	AC ALPHA	QUANTITÉ	MOMENT DE L'AJOUT
Brewers Gold	4 %	12 g	60 min d'ébullition
Strisselspalt	1,9 %	15 g	15 min d'ébullition
Sureau		20 g	15 min d'ébullition
Strisselspalt	1,9 %	15 g	Whirlpool/fin d'ébullition

FERMENTATION

LEVURE : S-04, 11,5 g

TEMPÉRATURE IDÉALE : 18 °C

DRY HOPPING

HOUBLON	QUANTITÉ	MOMENT DE L'AJOUT
Hibiscus sec	30 g	Fin de fermentation

CONDITIONNEMENT

Ajout de 5 g/L de sucre (ajouté sur le degré d'alcool final)

SMOKE ON THE SAUCISSE

Enfile tes tongs, tes chaussettes et ton plus beau slip,
on sort les saucisses, y'a mimile sur le gril.

Cuire vos saucisses dans vos drêches bien chaudes…

SMOKE ON THE SAUCISSE

POUR 20 L

PARAMÈTRES DE LA RECETTE

DENSITÉ INITIALE : 1,060 °P (basé sur efficacité 68 %)

DENSITÉ FINALE : 1,01 °P

TAUX D'ALCOOL VISÉ : 6,5 %

ÉCHELLE IBU

20

1-18 | 18-36 | 36-54 | 54-72 | 72-90

EBC : 29

4 EBC | 16 EBC | 25 EBC | 40 EBC | 70 EBC | 130 EBC

Paille | Blonde | Rousse | Cuivrée | Brune | Noire

EMPÂTAGE

VOL. D'EAU : 16 L | PH CIBLE : 5,4 | DURÉE : 1 h | TEMPÉRATURE : 62 °C

QUANTITÉ DE MALT

Malt hêtre fumé	2 kg
Malt chêne fumé	1 kg
Malt Munich	1 kg
Malt Crystal	0,75 kg

MASH OUT

Durée : 5 min

Température : 78 °C

ÉBULLITION

Durée : 60 min

Température : 100 °C

HOUBLON	AC ALPHA	QUANTITÉ	MOMENT DE L'AJOUT
Magnum	13 %	15 g	60 min d'ébullition

FERMENTATION

LEVURE : Hip-Hop, 11 g

TEMPÉRATURE IDÉALE : 18 °C

CONDITIONNEMENT

Ajout de 5 g/L de sucre (ajouté sur le degré d'alcool final)

CULTURE TRIP

On a du matos dans le coffre. Grosse dose de houblon.
Acidité élevée. Et 7,5 % dans le moteur.
Loupe pas la sortie. Collab Brique House Brewery x Frontaal

EXPÉ N° 62
ANNÉE 2023

LA BRIQUE SIGNÉE DE LA COLLAB QUI A ÉTÉ VOLÉE… SI TU NOUS LIS, RENDS-LA !

CULTURE TRIP

POUR 20 L

PARAMÈTRES DE LA RECETTE

DENSITÉ INITIALE : 1,076 / 18,4 °P (basé sur efficacité 68 %)

DENSITÉ FINALE : 1,01 / 4,6 °P

TAUX D'ALCOOL VISÉ : 7,5 %

ÉCHELLE IBU

1-18 | 18-36 (18) | 36-54 | 54-72 | 72-90

EBC : 8

4 EBC Paille | 16 EBC Blonde | 25 EBC Rousse | 40 EBC Cuivrée | 70 EBC Brune | 130 EBC Noire

EMPÂTAGE

VOL. D'EAU : 20 L | PH CIBLE : 5,4 | DURÉE : 1 h | TEMPÉRATURE : 68 °C

QUANTITÉ DE MALT

Malt pilsen	5,4 kg
Malt de blé	0,8 kg
Flocons d'avoine	0,8 kg
Cara clair (8 EBC)	0,3 kg

MASH OUT

Durée : 5 min

Température : 78 °C

ÉBULLITION

Durée : 60 min

Température : 100 °C

HOUBLON	AC ALPHA	QUANTITÉ	MOMENT DE L'AJOUT
Loral	20 %	30 g	Whirlpool/fin d'ébullition

FERMENTATION

LEVURE : Jazz (ou Philly Sour), 24 h — TEMPÉRATURE IDÉALE : 22 °C

LEVURE : Saturated, 11,5 g — TEMPÉRATURE IDÉALE : 22 °C

DRY HOPPING

HOUBLON	QUANTITÉ	MOMENT DE L'AJOUT
Loral	24 g	50 % de l'atténuation atteinte (2-3 jours)
Nelson Sauvin	24 g	50 % de l'atténuation atteinte (2-3 jours)
Nelson Sauvin	30 g	Fin de fermentation (5 jours)

CONDITIONNEMENT

Ajout de 5 g/L de sucre (ajouté sur le degré d'alcool final)

ACCORDS METS ET BIÈRES

04

ACCORDS METS ET BIÈRES

04

LES PRINCIPES DU PAIRING

Au pays du vin, la bière peine à trouver sa place. Pendant des années, la bière se limitait aux breuvages industriels, souvent des lagers, bières de soif. Si elle est omniprésente à l'apéro, en terrasse et lors des soirées foot, elle est absente à table, excepté dans les régions brassicoles historiques. Mais l'essor des brasseries artisanales tend à faire découvrir les autres styles du monde, et la complexité gustative de la bière la rend de plus en plus attrayante pour les gourmets. La bière devient aujourd'hui un véritable produit de dégustation et a toute sa place sur les tables étoilées.

La bière riche de tous ses ingrédients et de la variété de ses styles peut apporter beaucoup en cuisine : de l'acidité, de l'amertume, de la douceur, du sucre et plein d'autres arômes…

LES GRANDS PRINCIPES DU *PAIRING*

Dans la gastronomie, les accords de saveurs se font « naturellement » grâce à la bonne connaissance des ingrédients utilisés : les associations semblent évidentes. La méconnaissance gustative de la bière n'incite pas forcément à accompagner son repas de bière. Cependant, en respectant trois grands principes, on peut réaliser des accords harmonieux.

ACCORDS DE RÉSONANCE

La résonance consiste à marier des arômes et des saveurs similaires. Il s'agit cependant d'éviter l'excès sur les saveurs fondamentales, comme le sucre par exemple. On va rechercher des notes plus subtiles. Par exemple, le côté acidulé d'une bière de blé allemande avec l'acidité d'un fromage frais, les saveurs caractéristiques des bières fumées avec une viande grillée à la braise, les bières fruitées avec des desserts aux fruits.

ACCORDS DE COMPLÉMENTARITÉ

Cet accord est plus subtil, mais en s'inspirant de la cuisine, il est naturel de faire quelques associations. La bière devient quasiment un ingrédient du plat, elle intensifie son goût comme le font les épices. Une bière de blé citronnée sublimera un bon poisson blanc ou un plateau de fruits de mer. Le classique accord en pâtisserie chocolat et fruits rouges fonctionne aussi très bien : un dessert au chocolat avec une bière à la framboise ou à la cerise, et inversement, une tarte à la framboise accompagnée d'une bière noire aux arômes torréfiés de chocolat.

ACCORDS DE CONTRASTE

On dit que les opposés s'attirent. Pour un accord de contraste, on va utiliser ce principe : des saveurs radicalement différentes qui se subliment mutuellement. Le mariage fait mieux que la bière ou le plat seul, les deux se complétant dans un bel équilibre. Attention à ce que les intensités de saveurs de chaque partie soient semblables. On peut associer une stout aux arômes torréfiés de café ou de chocolat, au corps crémeux et doux, avec des huîtres à la vivacité iodée et minérale, une IPA amère et fruitée se mariera à merveille avec tout type de plat épicé, enfin une bière acide comme une gueuze viendra casser le sucre d'un dessert.

La recherche de l'équilibre est le maître mot. Pour se faire une opinion, rien de tel que tester, tester et encore tester. En respectant ces principes, plus de limite à l'audace !

LES RECETTES À LA BIÈRE

Au vu de la palette d'arômes et de saveurs que peut contenir la bière, il est tout naturel de la retrouver en tant qu'ingrédient dans la cuisine et notamment dans les plats typiques du nord. Et au-delà de la bière comme ingrédient, les matières premières ou coproduits peuvent être la base de certaines recettes détournées.

LES PLATS TYPIQUES DU NORD

WELSH – CARBONADE FLAMANDE – FLAMICHE AU MAROILLES – LAPIN À LA MOUTARDE ET À LA BIÈRE – CHICON JAMBON – CONFIT D'OIGNON À LA BIÈRE – CRÊPES – GAUFRES – CRÈME BRÛLÉE – BEIGNETS AUX POMMES

LES RECETTES TWISTÉES

DOG'S NOSE – GREEN WAVE – BEER SPRITZ – PÂTE À PIZZA NAPOLITAINE AUX DRÊCHES – VINAIGRETTE IPA – VINAIGRETTE GUEUZE – HUILE INFUSÉE AU HOUBLON – PICKLES D'OIGNONS ROUGES – COOKIES À LA DRÊCHE – GRANOLA AUX DRÊCHES – GRANITÉ À LA BIÈRE

WELSH

PRÉPARATION
25 min

CUISSON
10 à 15 min

POUR 4 PERSONNES

1 pain de campagne non tranché

4 tranches de jambon de 1,5 mm d'épaisseur

1 kg de cheddar râpé ou coupé en dés

4 c. à c. de moutarde à l'ancienne

Environ 50 cl de bière de caractère type triple

4 œufs

Poivre

4 plats à welsh type mini plat à gratin pas trop hauts

DANS LE VERRE

On peut évidemment associer le welsh avec la bière qui aura servi à faire le plat. Mais le welsh étant copieux, on peut aussi l'accorder avec une bière plus légère, vive, type pils pour casser un peu le gras du welsh.

Couper le pain en tranches d'environ 0,5 cm d'épaisseur.

Placer une tranche de pain par plat. Elle doit recouvrir au maximum le fond du plat. Imbiber les tartines de bière à l'aide d'un pinceau, puis les tartiner avec une bonne cuillère à café de moutarde à l'ancienne.

Dans une grande casserole (type wok), à feu moyen, faire chauffer 5 cl de bière. Dès que la bière frémit, ajouter peu à peu le cheddar tout en remuant énergiquement. Ne pas hésiter à remonter le feu si le mélange se refroidit et se fige un peu. Il ne doit pas faire de grumeaux et présenter un aspect lisse et filant et être assez liquide. Si le mélange s'épaissit un peu, ajouter un peu de bière.

Une fois que le mélange est prêt, déposer une première petite quantité sur le pain et l'étaler à l'aide d'une maryse. Attention, le fromage va vite figer en refroidissant, il faut donc être assez rapide sur cette étape et bien remettre la casserole sur le feu. Disposer ensuite une tranche de jambon. Recouvrir totalement et rapidement de fromage.

Dans un four préchauffé à 250 °C, enfourner les ramequins. Dès que le dessus est légèrement coloré, sortir les plats du four.

Pendant ce temps, dans une poêle, faire cuire les œufs au plat.

À la sortie des plats du four, disposer 1 œuf au plat sur chaque ramequin. Donner un tour de moulin à poivre.

Servir rapidement après la sortie du four, car le fromage aura tendance à se figer, généralement avec des frites (idéalement cuites au gras de bœuf comme din ch'Nord). Ce plat déjà riche s'accompagne très bien aussi d'une salade verte.

CARBONADE FLAMANDE

PRÉPARATION
35 min

CUISSON
3 h

POUR 4 PERSONNES

1 kg de viande de bœuf (type paleron)

1 carotte

5 tranches de pain d'épices

75 cl de bière ambrée ou brune (une bonne triple fera l'affaire)

2 oignons

1 c. à s. de farine

1 c. à s. de moutarde

2 c. à s. de vinaigre de xérès

3 c. à s. de vergeoise

Beurre

Sel, poivre

Couper la viande en gros morceaux épais. Éplucher et émincer la carotte. Éplucher et couper les oignons en rondelles.

Dans une cocotte en inox ou en fonte, faire chauffer une noix de beurre. Faire dorer la viande à feu vif sur toutes les faces.

Ajouter les oignons et la carotte en mélangeant bien. Saupoudrer de vergeoise et de farine. Bien mélanger pendant 5 minutes pour attendrir les oignons sans les colorer. Ajouter le vinaigre et laisser légèrement réduire pendant 2 minutes environ. Recouvrir de bière et porter à ébullition. Ajouter sel et poivre à votre convenance.

Dès que le mélange frémit, laisser mijoter 3 heures à feu moyen et à couvert. La viande est cuite lorsqu'elle se coupe facilement entre une cuillère et la paroi de la casserole.

Ajouter la moutarde, mélanger et ajouter le pain d'épices découpé en morceaux. Bien mélanger, le temps que le pain d'épices fonde et lie la sauce.

Servir la carbonade avec des frites (idéalement cuite au gras de bœuf comme din ch'Nord).

DANS LE VERRE

Pour accompagner ce plat riche et savoureux, on choisira une bière avec du corps. Quoi de plus logique que de l'accompagner de la bière utilisée pour la carbonade !

FLAMICHE AU MAROILLES

PRÉPARATION
15 min

REPOS
1 h

CUISSON
30 min

POUR 4 PERSONNES

POUR LA PÂTE

180 g de farine

1 œuf battu

40 g de beurre fondu

40 ml de lait

20 g de levure fraîche

Sel

POUR LA GARNITURE

200 g de maroilles

10 cl de bière blonde

5 c. à s. de crème fraîche épaisse

Sel, poivre

Dans un saladier, verser la farine et saler. Faire un puits. Ajouter le beurre et l'œuf battu, pétrir à la main ou au robot afin d'amalgamer les ingrédients.

Dans une casserole, faire tiédir le lait et y émietter la levure. Ajouter le mélange à la pâte. Pétrir énergiquement la pâte jusqu'à l'obtention d'une boule homogène.

Recouvrir d'un torchon et laisser reposer 30 minutes dans un endroit chaud.

Tapisser un plat à tarte de papier cuisson. Étaler la pâte dans le moule du bout des doigts. Laisser reposer à nouveau 30 minutes dans un endroit chaud.

Préchauffer le four à 200 °C.

Découper le maroilles en dés. Les mélanger à la bière. Étaler la crème fraîche sur la pâte. Saler et poivrer. Recouvrir des dés de maroilles. Enfourner pour 30 minutes.

Servir avec une salade verte.

DANS LE VERRE

Malgré son odeur forte, le maroilles fondu est plutôt doux en bouche. Pour trancher avec cette douceur, on peut accorder la flamiche avec une bière légèrement amère type pale ale.

LAPIN À LA MOUTARDE ET À LA BIÈRE

PRÉPARATION
30 min

CUISSON
1 h

POUR 4 PERSONNES

4 cuisses de lapin (si vous préférez le râble, pas de problème, ça marche aussi !)

150 g de champignons de Paris

1 gros oignon

2 c. à s. de crème fraîche

1 bonne c. à s. de moutarde

20 g de beurre

33 cl de bière blonde

2 feuilles de laurier

1 petite branche de romarin

Sel, poivre

Éplucher et émincer l'oignon. Couper les champignons en lamelles.

À feu vif, faire dorer les morceaux de lapin dans le beurre et ajouter l'oignon émincé. Faire revenir le lapin sur toutes les faces. Saler et poivrer. Une fois toutes les faces dorées, ajouter la bière. Faire mijoter à feu moyen pendant 15 minutes.

Ajouter la moutarde à la sauce, puis les champignons ainsi que le laurier et le romarin. Faire mijoter 45 minutes à feu doux.

Réserver les morceaux de lapin. Ôter le laurier et la branche de romarin. Délayer la crème fraîche dans la sauce. Remettre le lapin, bien mélanger. Saler et poivrer.

Servir avec des tagliatelles fraîches.

DANS LE VERRE

Accorder ce plat avec une bière qui va venir en complément de la viande blanche, une pale ale houblonnée, résineuse ou fruitée. On imagine bien aussi une bière de blé type weizen qui va venir contraster avec le goût de moutarde.

CHICON JAMBON

PRÉPARATION
15 min

CUISSON
50 min

POUR 4 PERSONNES

4 grosses endives

25 cl de bière (triple triple)

20 g de beurre

1 c. à s. de sucre

4 tranches de jambon blanc

Huile

POUR LA BÉCHAMEL

30 g de beurre

30 g de farine

1 L de lait

1 c. à c. de noix de muscade moulue

120 g de gruyère râpé

Sel, poivre

DANS LE VERRE

L'amertume de l'endive adoucie par le caramel peut parfaitement s'associer avec une lager légèrement amère en soutien de l'amertume « perdue » de l'endive.

Nettoyer les endives, couper la base. Dans une poêle à feu doux, faire chauffer un peu d'huile et faire revenir doucement les endives pour les colorer un peu.
Saler et poivrer.

Ajouter la bière et le sucre. Faire bouillir et laisser réduire un peu le mélange. Ajouter un peu d'eau (10 cl) et baisser le feu pour faire mijoter pendant 30-35 minutes.

En fin de cuisson, augmenter la puissance du feu pour caraméliser les endives sans les brûler.

Faire fondre le beurre dans une casserole. Ajouter la farine et remuer avec une cuillère en bois pour obtenir un mélange homogène. Verser le lait et attendre l'ébullition sans mélanger. Fouetter ensuite jusqu'à ce que la sauce soit lisse et épaisse. Ajouter la moitié du gruyère râpé, la muscade, saler et poivrer en mélangeant bien.

Préchauffer le four à 240 °C.

Enrouler chaque endive dans une tranche de jambon et les placer dans un plat à gratin. Recouvrir de béchamel et saupoudrer le reste du gruyère râpé dessus. Laisser gratiner au four pendant 15 minutes.

Servir avec des pommes de terre vapeur.

CONFIT D'OIGNON À LA BIÈRE

PRÉPARATION
20 min

CUISSON
1 h

POUR L'ÉQUIVALENT D'UN POT DE CONFITURE

500 g d'oignons

25 g de beurre

20 cl de bière de Noël
(On sait quoi faire du reste de la bouteille, avec modération !)

75 g de vergeoise

1 c. à s. de vinaigre balsamique

Éplucher les oignons et les émincer.

Faire fondre le beurre à feu moyen et faire suer les oignons.

Dès qu'ils sont translucides, déglacer au vinaigre et laisser réduire 2 minutes. Ajouter la vergeoise. Laisser réduire et enfin verser la bière. Laisser cuire à feu très doux en mélangeant de temps en temps pendant environ 1 heure. Une fois la texture souhaitée, le confit est prêt.

Verser encore chaud dans un pot de confiture vide, préalablement stérilisé à l'eau bouillante.

Servir avec le foie gras sur une tranche de pain d'épices grillée au moment des fêtes.

DANS LE VERRE

Le barley wine s'accorde bien avec le foie gras, rappelant les caractéristiques du vin moelleux ou liquoreux.

CRÊPES

PRÉPARATION
10 min

REPOS
1 h

CUISSON
2 min / crêpe

POUR ENVIRON 20 CRÊPES

500 g de farine
75 cl de lait
25 cl de bière artisanale
4 œufs
4 c. à s. d'huile de tournesol

Mettre la farine dans un grand saladier. Faire un puits et ajouter les œufs et l'huile. Mélanger pour obtenir une pâte homogène.

Ajouter le lait petit à petit à température ambiante (cela évite les grumeaux). Ajouter enfin la bière et mélanger. Laisser reposer 1 heure à température ambiante en couvrant le saladier.

Faire cuire les crêpes dans une poêle beurrée ou huilée toutes les 5 crêpes environ.

REMARQUE : utiliser une bière peut apporter ses arômes, mais certaines saveurs ne résistent pas à la cuisson trop longue contrairement à l'amertume d'une IPA par exemple qui va persister. Cette dernière n'est pas forcément recherchée, en tout cas pas de manière trop forte, mais le fruit peut être intéressant. Pour garder l'aspect fruité, utiliser une US pale ale pas trop amère ou une NEIPA pour avoir un léger fruité résiduel.

GAUFRES

PRÉPARATION
10 min

REPOS
1 h

CUISSON
2-3 min / gaufre

POUR UNE DIZAINE DE GAUFRES

250 g de farine

25 cl de lait

1 sachet de levure chimique

2 œufs

50 g de beurre

2 c. à s. de sucre

1 sachet de sucre vanillé

25 cl de bière artisanale

Faire fondre le beurre dans une casserole et laisser refroidir.

Mettre la farine, la levure, le sucre et le sucre vanillé dans un saladier. Faire un puits et ajouter les œufs et le beurre puis incorporer le lait petit à petit en fouettant pour éviter les grumeaux.

Ajouter ensuite la bière et laisser reposer la pâte 1 heure à température ambiante.

Faire cuire les gaufres dans un gaufrier 2 à 3 minutes selon votre appareil.

REMARQUE : la bière ajoute un côté plus aérien à la pâte ce qui améliore le contraste entre le moelleux à l'intérieur et le croustillant à l'extérieur.

CRÈME BRÛLÉE

PRÉPARATION
10 min

CUISSON
20 min

POUR 8 PERSONNES

800 g de crème liquide
75 cl de bière ambrée
20 cl de lait
100 g de sucre en poudre
7 jaunes d'œufs
Cassonade

DANS LE VERRE

On peut l'accorder avec une bière assez corsée telle qu'une stout, pourquoi pas pastry stout à la vanille, par exemple. Mais après un bon repas et cette note bien sucrée, l'acidité et la sécheresse d'une gueuze viendront contrebalancer le sucré et même sublimer les arômes de vanille et de caramel.

Préchauffer le four à 100 °C

Faire chauffer la crème, la bière, et le lait dans une casserole.

Fouetter le sucre et les jaunes d'œufs à part.

Verser le contenu de la casserole sur les jaunes d'œufs sucrés, bien mélanger puis répartir l'ensemble dans des ramequins adaptés.

Enfourner pour 15 à 20 minutes. Laisser refroidir.

Juste avant de servir, saupoudrer de cassonade. Caraméliser la cassonade à l'aide d'un chalumeau. Elle doit former une « croûte » cassante.

BEIGNETS AUX POMMES

PRÉPARATION
30 min

REPOS
2 à 3 h

CUISSON
2-3 min / beignet

POUR 6 PERSONNES

4 pommes sucrées à croquer type golden

150 g de farine

2 œufs

Le jus de 1 citron

100 g de sucre

1 c. à s. de cannelle

10 cl de bière blonde artisanale

10 cl de lait

1 c. à s. d'huile

Huile pour friture

Sel

DANS LE VERRE

Une bière acidulée type Berliner Weisse s'accordera parfaitement avec les beignets.

Mettre la farine et une pincée de sel dans un saladier et former un puits. Ajouter les jaunes d'œufs en réservant le blanc au frais. Ajouter tour à tour l'huile, le lait puis la bière de façon à obtenir une pâte homogène assez épaisse. Couvrir avec un film alimentaire et laisser reposer 2 à 3 heures.

Battre les blancs en neige et les incorporer à la pâte une fois le repos terminé.

Évider et éplucher les pommes. Les couper en rondelles assez épaisses. Ajouter le jus du citron pour éviter qu'elles ne noircissent.

Faire chauffer l'huile dans une friteuse.

Mélanger 30 g de sucre et la cannelle dans une assiette. Tremper les pommes dans le mélange de sucre et de cannelle puis dans la pâte et plonger les beignets dans la friture : dès qu'ils remontent à la surface, ils sont cuits.

Déposer les beignets sur du papier absorbant pour enlever le surplus d'huile puis sur une assiette.

Saupoudrer l'ensemble avec le reste du sucre.

REMARQUE : selon la saison on peut choisir d'autres fruits qui ne craignent pas trop la cuisson comme l'ananas ou la poire.

DOG'S NOSE

Cocktail tout droit venu des pubs anglais alliant la rondeur d'une stout et le côté herbacé du gin. Ce cocktail n'est vraiment pas fait pour tout le monde.

POUR 1 VERRE À LONG DRINK

4 cl de gin

4 glaçons

15 cl de bière noire type irish stout (Guinness)

Noix de muscade fraîchement râpée

Mélanger le gin et la glace dans un verre à mélanger.

Verser dans un verre à long drink et servir la bière.

Terminer par une pincée de noix de muscade.

GREEN WAVE

Une petite bière verte arrangée en somme.
Parfait pour une terrasse au soleil.

POUR 1 VERRE À LONG DRINK

1 cl de curaçao

1 trait de vodka

1 trait de jus de citron vert

Bière blonde légère, type lager

Mélanger le curaçao, la vodka et le jus de citron, allonger de bière.

BEER SPRITZ

Variante du spritz italien, on remplace le prosecco par de la bière et l'affaire est faite. On peut choisir tout type de bière blonde : une saison épicée, une pale ale fruitée…
À siroter bien frais à la paille.

POUR 1 VERRE À COCKTAIL

6 cl d'Aperol

12 cl de bière (une lager ou une bière amère type IPA).

2 cl d'eau pétillante

1 tranche d'orange non traitée

Glaçons

Mettre 2 ou 3 glaçons dans le verre.

Verser l'Apérol, la bière puis l'eau pétillante.

Déposer la tranche d'orange dans le verre.

PÂTE À PIZZA NAPOLITAINE AUX DRÊCHES

PRÉPARATION
30 min

REPOS
8 h

POUR 4 PIZZAS DE 28 CM DE DIAMÈTRE

540 g de farine T45 (Tipo 00 pour les farines italiennes)

60 g de drêches

40 cl d'eau

10 g de levure de boulanger

20 g de sel

Les drêches contiennent plus de 80 % d'humidité. Avant de les utiliser, il est préférable de les sécher au four. Pour cela, étaler les drêches sur une plaque de four. Enfourner à 100 °C pour 1 h 30 en remuant de temps en temps.

Dans un bol, dissoudre le sel à l'eau.

Mélanger les drêches séchées et la farine. Mélanger à la cuillère entre un tiers et un quart de ce mélange dans l'eau salée.

Délayer la levure dans un peu d'eau à température ambiante et l'ajouter au mélange.

Ajouter peu à peu le restant de farine et mélanger à la cuillère jusqu'à l'obtention d'une pâte encore légèrement collante. Pétrir la boule de pâte sur un plan de travail sans ajouter de farine pendant 10 à 15 minutes.

Replacer la boule dans le saladier et laisser lever pendant 2 heures à un minimum de 25 °C.

Séparer la boule de pâte en 4 pâtons d'environ 250 g. Disposer les pâtons sur une plaque et laisser pousser à nouveau pendant 6 heures.

REMARQUE : la pâte à pizza napolitaine ne contient pas d'huile contrairement à la pâte à pizza de Rome, ce qui la rend plus croustillante.

VINAIGRETTE IPA

PRÉPARATION
5 min

INGRÉDIENTS

3-4 brins de persil

1 c. à c. de moutarde

6 c. à s. d'huile d'olive

3 c. à s. de bière IPA (amère et fruitée)

1 c. à s. de vinaigre de cidre

1 c. à c. de miel

Sel, poivre

Hacher les feuilles de persil.

Mélanger tous les ingrédients ensemble et c'est prêt !

VINAIGRETTE GUEUZE

PRÉPARATION
5 min

INGRÉDIENTS

½ petite échalote

3 c. à s. d'huile de tournesol

1 c. à s. de lambic artisanal (kriek ou framboise)

Sel, poivre

Éplucher et émincer l'échalote finement.

Ajouter l'huile et la bière, quelques tours de moulin à poivre et une grosse pincée de sel. Bien mélanger. C'est prêt !

HUILE INFUSÉE AU HOUBLON

PRÉPARATION
5 min

REPOS
2 semaines

POUR 1 LITRE

75 cl d'huile d'olive

25 cl d'huile de tournesol

1 ou 2 pellets de houblon

2 piments oiseau

Herbes au choix : basilic, laurier, thym, romarin...

Grains de poivre

Sel

Mettre les ingrédients solides dans une bouteille. Ajouter les huiles et mélanger.

Laisser reposer pendant 2 semaines.

Utiliser l'huile sur vos pizzas.

PETITE ASTUCE : si l'huile est trop amère à votre goût, ajouter un peu de sucre et bien mélanger.

PICKLES D'OIGNONS ROUGES

PRÉPARATION
30 min

POUR 1 POT
TYPE POT À CONFITURE

2 oignons rouges

50 g de sucre roux

1 c. à s. de gros sel

10 cl de vinaigre de xérès

10 cl de bière sour, type Berliner Weisse aux fruits rouges ou lambic aux fruits (cerise ou framboise)

Poivre

Éplucher les oignons. Les couper en fines rondelles.

Mettre le vinaigre, 10 cl d'eau et la bière dans une casserole. Ajouter le sel, le sucre et le poivre.

Porter à ébullition puis ajouter les oignons rouges. Laisser cuire 10 minutes.

Laisser refroidir puis verser l'ensemble dans un bocal. Fermer hermétiquement et mettre au réfrigérateur.

REMARQUE : les pickles d'oignons doivent être consommés dans les 15 jours. Ils seront parfaits pour agrémenter une salade, un burger ou sur une pizza donnant une petite touche acidulée en plus de la saveur de l'oignon rouge.

COOKIES À LA DRÊCHE

PRÉPARATION
20 min

CUISSON
10 min

La drêche est un déchet du brassage et contient encore un peu de sucre, des protéines et des fibres. Selon la recette de bière dont elle provient, la drêche peut être un mélange de plusieurs céréales (orge, blé, seigle, avoine) qui peut donner un côté unique aux cookies.

POUR UNE DIZAINE DE COOKIES

1 œuf

80 g de sucre roux

100 g de drêches

100 g de farine de blé

80 g de beurre

1 c. à s. de levure chimique

1 sachet de sucre vanillé

80 g de pépites de chocolat

1 pincée de sel

Les drêches contiennent plus de 80 % d'humidité. Avant de les utiliser, il est préférable de les sécher au four. Étaler les drêches sur une plaque de four. Enfourner à 100 °C pour 1 h 30 en remuant de temps en temps.

Mélanger le sucre et les drêches dans un saladier. Ajouter le beurre préalablement fondu et l'œuf.

Ajouter la farine, le sel, la levure chimique et le sucre vanillé et mélanger délicatement à l'aide d'une cuillère en bois pour obtenir une pâte homogène. Incorporer les pépites de chocolat.

Préchauffer le four à 180 °C.

Sur une plaque tapissée de papier sulfurisé, former des cookies d'environ 50-60 g à l'aide de deux cuillères à soupe et les espacer les uns des autres.

Faire cuire environ 10 minutes.

GRANOLA AUX DRÊCHES

PRÉPARATION
15 min

CUISSON
30 min

POUR UNE PLAQUE DE FOUR

140 g de drêches

140 g de flocons d'avoine

60 g de noisettes concassées grossièrement

40 g de noix de pécan concassées grossièrement

20 g de graines de lin

30 g de noix de cajou concassées grossièrement

30 g d'amandes concassées grossièrement

6 c. à s. de miel

2 c. à s. d'huile de coco

1 c. à c. d'extrait de vanille

30 g de pépites de chocolat noir

Les drêches contiennent plus de 80 % d'humidité. Avant de les utiliser, il est préférable de les sécher au four. Étaler les drêches sur une plaque de four. Enfourner à 100 °C pour 1 h 30 en remuant de temps en temps.

Préchauffer le four à 150 °C.

Mélanger les ingrédients secs sauf le chocolat.

Ajouter l'huile, le miel et l'extrait de vanille et mélanger à la fourchette quelques minutes pour avoir une bonne répartition du mélange.

Étaler le mélange sur une plaque de four préalablement huilée. Enfourner 30 minutes en mélangeant toutes les 10 minutes environ et en vérifiant la coloration qui peut varier selon les goûts.

Laisser refroidir sur la plaque, le tout devient croustillant en refroidissant.

Une fois le mélange refroidi, ajouter les pépites de chocolat et placer le tout dans un bocal fermé hermétiquement.

REMARQUE : selon vos goûts, vous pouvez faire varier le mélange de graines et ajouter des épices type cannelle, gingembre ou un mélange pour pain d'épices (1 à 2 c. à c.). On peut aussi remplacer le chocolat par des fruits secs (raisin, abricot, cranberries…).

GRANITÉ À LA BIÈRE

PRÉPARATION
10 min

CONGÉLATION
2 à 3 h

POUR 2 PERSONNES

200 g de sucre

50 cl de witbier

30 cl de jus de citron vert

Mettre 10 cl d'eau et le sucre dans une casserole. Porter à ébullition et laisser frémir 2 minutes.

Dans un saladier, mélanger la bière et le jus de citron. Ajouter le sirop de sucre.

Verser le mélange dans un plat peu profond et le mettre au congélateur.

Toutes les 30 minutes, gratter la surface pour former des paillettes. Répéter l'opération jusqu'à ce que l'ensemble soit congelé sous forme de paillettes.

ANNEXES

05

GLOSSAIRE

ACIDES ALPHA

Composés chimiques issus de la lupuline contenue dans les cônes femelles de houblon. Ils donnent son amertume à la bière.

BIÉROLOGUE / ZYTHOLOGUE

Sommelier et œnologue de la bière

BRASSIN

Liquide obtenu après brassage.

CARBONATATION

Quantité de CO_2 dissous dans la bière. Action d'ajouter du CO_2 dans la bière, soit par refermentation, soit par injection directe de CO_2.

DENSITÉ FINALE

C'est la quantité de sucre dans la bière après fermentation.

DENSITÉ ORIGINALE

C'est la quantité de sucre que vous aurez réussi à extraire à la fin du brassage.

DRÊCHES

Résidus des céréales après filtration du moût.

ENDÉMIQUE

Une espèce endémique est une espèce adaptée à un lieu particulier.

EAU GLYCOLÉE

Eau à laquelle on a injecté du glycol afin qu'elle ne puisse pas geler.

EMPÂTAGE

Opération qui consiste à mélanger du malt et de l'eau.

ESTERS

Composé aromatique souvent fruité.

FLAVEUR

De l'anglais *flavour*, désigne l'ensemble des sensations olfactives et gustatives lors d'une gustation.

GRUIT

Mélange d'herbes sauvages utilisé pour le brassage.

GUSHING

Un défaut fréquent qui caractérise les bières dont le contenu s'échappe sous forme de mousse dès l'ouverture.

HOUBLONNIÈRE

Exploitation agricole produisant du houblon.

ISOMÉRISATION

Transformation d'une molécule chimique en un isomère, c'est-à-dire un autre composé ayant la même formule brute mais des propriétés différentes. Pour les acides alpha du houblon, ils vont devenir solubles dans la bière.

LA FINALE

Impression générale qui reste en bouche après avoir avalé une gorgée de bière. Elle peut être courte ou longue.

MAISCHE

Mélange d'eau et de malt obtenu après l'empâtage.

MOÛT

C'est le jus sucré que l'on obtient après filtration de la maische.

PHÉNOL

Composé aromatique issu de l'activité des levures donnant des saveurs épicées, poivrées.

TRUB

Résidus de malt et houblon à la fin de l'ébullition.

WHIRLPOOL

Technique de clarification du moût qui consiste à mélanger activement la bière de façon circulaire créant ainsi un tourbillon au milieu duquel va se concentrer le trub.

BRIQUE HOUSE
MOTHERLAND
NEW ENGLAND IPA
PINK BOOTS BEER
AVE CLARA
DOUBLE NEIPA
VHAZY PAPY
BELGIAN PALE ALE
PLAT PAYS
5,5 % VOL
IBU 25
HOPPY LAGER
CITRUS CIRCUS
3,8 % ALC
IBU 20
SESSION IPA
COMME UN LUNDI
BRIQUE HOUSE
MOTHERL
TROPICAL IPA
TROPIC SERVICE
RED IPA
REDNECK
9 % VOL
IBU 38
DOUBLE NEIPA
AMERICAN PALE ALE
HOLY BRIQUE
BRIQUE HOUSE
MOTHERLAND
EAST-COAST IPA
L'AMERE DU NORD

TABLE DES MATIÈRES

INDEX

A

B

C

D

E

F

G

Remerciements

Merci à tous les Briqueurs qui nous ont rejoints dans l'aventure et qui travaillent au quotidien au service de nos clients en brassant, conditionnant et servant nos bières dans des métiers tout à la fois exigeants et passionnants.

Merci aux 2 500 brasseurs qui travaillent avec courage et amour du produit pour vous proposer des produits de qualité. Nous sommes profondément humbles à l'échelle d'une filière immense !

Merci à nos clients, qu'ils nous aient fait confiance dernièrement ou à nos débuts. Cette filière vous doit beaucoup ! Qu'ils tiennent avec amour un bar, un restaurant, un hôtel, une épicerie, ou un supermarché, ils sont le relais direct et, sans eux, vous ne pourriez déguster de bonnes bières !

Merci à notre communauté fidèle depuis le démarrage. Vous êtes au centre du projet et nous vous devons beaucoup. Mais surtout, plus globalement, merci à la communauté des passionnés de la bière. Votre amour pour le malt et le houblon fait vivre tout un secteur !

Merci à nos 1 300 actionnaires qui nous permettent de vivre cette aventure ensemble. Nous sommes infiniment comblés de vous avoir à nos côtés et nous vous devons beaucoup.

Merci aux Éditions Marabout pour leur confiance et particulièrement à Christine et Audrey pour leur accompagnement et leur patience. Vous avez été formidables. Merci à Fabien pour les magnifiques photos et ce petit périple entre le Hainaut belge et les Hauts-de-France.

Merci aux personnes formidables et passionnées par ce métier qui nous ont ouvert leurs portes : Olivier Dedeycker qui perpétue la tradition familiale avec passion ; Jean-Pierre Van Roy, véritable mémoire vivante de la tradition des gueuzes et lambics de Bruxelles ; Xavier Bailleux qui nous a accueillis dans ce cadre incroyable et bucolique ; Jean-Luc Butez, artisan du Nord et amoureux inconditionnel de la filière large de la bière. Beaucoup d'acteurs lui doivent beaucoup ; Edouard Roussez qui met toute son énergie (dont il ne manque pas) au service du houblon dans notre belle région des Hauts-de-France ; Jean Delcoigne qui représente avec brio, engagement et passion le savoir-faire wallon ; Jean-René Lesage qui nous a accompagnés pour la visite d'une des plus anciennes malteries encore en activité.

Et on n'oubliera pas de remercier également nos familles et amis dont le soutien de tous les jours nous a permis de croire en nous et en notre projet. Vous l'avez compris, nous vous remercions tous, et surtout toi, cher lecteur. Nous sommes profondément reconnaissant pour tout l'amour que vous avez pour la bière artisanale.

On vous AIME !
Plein de bises du 59.

Brique The Rules !

BH
ANKEE TR
AME
UEEN